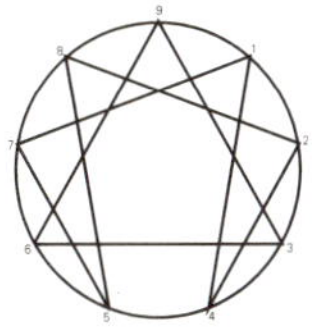
9
1
2
3
4
5
6
7
8

Uwe Böschemeyer

Das heitere Enneagramm

Eine verständliche und humorvolle Typenlehre

Ellert & Richter Verlag

Inhalt

Vorwort

Ich finde, es ist an der Zeit, daß wir freundlicher miteinander umgehen, denn diese Zeiten verlangen uns mehr ab, als unserem Gemüt bekömmlich ist.

Eine der wichtigsten Voraussetzungen für mehr Freundlichkeit ist Menschenkenntnis. Wir haben zwar im 20. Jahrhundert viel über uns erfahren, doch mehr über unsere dunklen als unsere hellen Seiten. Das war zwar wichtig und notwendig, weil wir sonst so manche Quelle unserer Probleme nicht gefunden hätten. Über all den Recherchen in den tiefen Gewölben der Seele scheint mir jedoch die Suche nach dem Humorvollen, Heiteren zu kurz gekommen zu sein.

Um zu erfahren, was wir von einem Menschen zu halten haben, ist es zwar wichtig, seine Schwachstellen nicht zu übersehen, wichtiger noch ist, seine *realen Möglichkeiten* in den Blick zu nehmen. Spreche ich ihn darauf an, mache ich die Erfahrung, daß er sich öffnet und selbst auf das sieht, was er in Wirklichkeit ist. Ein kleines Beispiel:

> *Ein gutaussehender, doch gehemmter Mann saß mir oft mit herabgezogenen Mundwinkeln gegenüber. Ich empfand, er sähe viel liebenswerter aus, wenn er sie – seinen Möglichkeiten entsprechend – einem Richtungswechsel unterzöge. Mein Vorschlag: Er möge demnächst eine halbe Stunde über eine bekannte Hamburger Straße flanieren und die Wirkungen der Menschen auf sein verändertes Aussehen studieren. Sie können sich seine Reaktion auf diese verwegene Idee vorstellen.*

Als er in die nächste Sitzung kam, lachte er verlegen und sagte: „Ich war beim letzten Mal über Ihren Vorschlag, wie Sie sicher bemerkt haben, sehr böse. Trotzdem habe ich mich auf das Experiment eingelassen. Der ‚Erfolg' war verblüffend. Schon seit Jahren bin ich nicht mehr innerhalb kurzer Zeit von so vielen Menschen freundlich angesehen worden. Ich habe etwas Wichtiges begriffen."

Ein bedeutender Zugang zur Menschenkenntnis, der über eine lange Zeit verschüttet war, ist die Typenlehre des „Enneagramms" (griechisch: neun Niederschriften). Sie ist, wie ein Kundiger sagte, ein „Glücksfall für die Psychologie".

Das Enneagramm stammt vermutlich aus der östlichen Weisheitstradition. Sicher ist, daß George Ivanovitsch Gurdjieff (1877–1940), ein spiritueller Lehrer, es dem Westen zugänglich machte. Weltweit bekannt wurde es jedoch erst in den letzten dreißig Jahren.

Das Enneagramm beschreibt *neun* Persönlichkeitsmuster, die sich im *Denken, Fühlen und Handeln* unterscheiden. Das bedeutet: Jeder Typus sieht die Welt anders als der andere, also jeweils aus einer anderen Perspektive. Wären uns diese „neun Gesichter der Seele" vertraut, beachteten und achteten wir sie und zögen daraus konkrete Schlüsse, fiele uns der Umgang mit uns selbst und anderen erheblich leichter.

1. Der *Reformer* gibt sich mit dem, was ist, nicht rasch zufrieden. Er will verändern – sich selbst und am liebsten die ganze Welt.
2. Der *Helfer* braucht es, gebraucht zu werden. Für andere dazusein, darin liegt für ihn sein Sinn.
3. Der *Erfolgsmensch* möchte bewundert werden. Und dafür leistet er viel.
4. Der *Romantiker* liebt das Besondere. Deshalb begibt er sich auf die Suche nach dem fernen Schatz.
5. Der *Beobachter* braucht Abstand – zu sich, zu anderen, zum Leben.
6. Der *Loyale* sucht die Gemeinschaft mit anderen. Gemeinschaft ist die Grundlage seines Lebens.
7. Der *Glückssucher* ist ein heiterer Mensch. Nichts ist ihm wichtiger als die Suche nach Lust und Freude und Glück.
8. Der *Boß* will führen, denn er ist stark, verantwortungsbewußt und entschieden.
9. Der *Ursprüngliche,* „der Stille im Lande", begibt sich gern in seine innere Welt, denn in ihr ist er zu Hause.

Daß das Enneagramm keine nur theoretische Lehre darstellt, zeigen nicht nur viele typische Traumbilder. Das zeigt sich auch jedem, der beruflich mit Menschen umgeht und den Wahrheitsgehalt dieser Fundgrube der Menschenkenntnis zu prüfen sich nicht scheut.

Die neun Typen

Ernsthafte Kenner zweifeln nicht daran, daß die Lehre von den „neun Gesichtern der Seele" keineswegs eine Modeerscheinung sei, sondern aller Voraussicht nach zu den gesicherten psychologischen Erkenntnissen der nächsten Jahrzehnte gehören wird.

Seit vielen Jahren arbeite ich mit dem Enneagramm. Es fordert mich dazu heraus, nicht nur auf die Haken und Ösen, Schwächen und Gefahren des jeweiligen Typus aufmerksam zu machen, sondern auch und im besonderen auf die Begabungen, Vorzüge und Möglichkeiten. Denn in dem Maße, in dem ein Mensch *beide* Pole, die zu seinem Typus gehören, erkennt, erfühlt und daran arbeitet, wird er sich verändern.

Das Enneagramm hat mir und meinen Klienten große Dienste erwiesen. Auch meine Mitarbeiter und Schüler möchten es keinen Tag missen. Trotzdem: Wann immer ich es vorstelle, stoße ich zunächst bei einigen Veranstaltungsteilnehmern auf Skepsis. Lernen sie es näher kennen, staunen sie über seine Stimmigkeit.

Ich habe schon einmal ein Buch über das Enneagramm geschrieben[1]. Es hat mich jedoch seit langem gelockt, ein heiteres Buch darüber zu schreiben. Dafür gab es zwei Gründe: Zum einen erlebe ich mit zunehmendem Alter die heiteren und leichten Seiten des Lebens, an mir und anderen. Zum anderen brachten mich amüsante Beobachtungen der unterschiedlichen Typen und mehr oder weniger geistreiche Witze auf die Idee, diesen Wunsch endlich zu verwirklichen.

Wie steht's mit unserer Einzigartigkeit?

„Die Individualität gehört zu jenen bedingten Tatsächlichkeiten", hat der große Menschenkenner C. G. Jung einmal nicht ohne Ironie gesagt, „die wegen ihrer praktischen Bedeutsamkeit überschätzt werden; sie gehört nicht zu jenen überwiegend klaren und sich darum aufdrängenden allgemeinen Tatsachen"[2]. Ohne auf den Hintergrund dieses Satzes eingehen zu wollen, halte ich ihn für äußerst befreiend. Warum? Weil er besagt, daß die Einzigartigkeit eines Menschen keineswegs so radikal zu verstehen ist, wie man sie häufig darstellt. Er bettet den einzelnen vielmehr in die große Menschheitsfamilie ein. Was das konkret bedeutet, möchte ich Ihnen im folgenden an einem tierischen Beispiel zeigen:

Stellen Sie sich einen Platz vor, auf dem zwanzig Hunde herumtollen. Sie sehen Hunde, nichts als Hunde. Sie unterscheiden sich zwar in Form, Farbe und Bewegungsabläufen, sind aber alle miteinander Hunde. Sie alle gehören der *Gattung* Hund an.

Bei näherem Hinsehen fällt Ihnen auf, daß sich die sieben Hunde in Ihrer Nähe, die fünf in der Mitte des Platzes, die vier am Ende und die vier ganz rechts ähneln. Wer sich schon einmal näher mit Hunden befaßt hat, weiß, daß sechs davon Mischlinge sind, fünf Doggen, vier Bernhardiner und die anderen Dackel. Vom *Typus* also ist die Rede.

Wenn Sie nun z. B. die fünf Doggen näher in Augenschein nehmen, werden Sie bemerken, daß sie sich zwar gleichen, aber trotzdem sich jede von der anderen unterscheidet. Jede einzelne ist – wie sollte es anders sein? – ein *Individuum.*

Ob wir es wahrhaben wollen oder nicht, was für diese und andere Mitgeschöpfe gilt, gilt auch für uns Menschen.

Nun sind wir zwar damit einverstanden, daß wir einer *Gattung* angehören. Das läßt sich auch kaum leugnen. Sogar sehr einverstanden sind wir, wenn wir lesen, wir seien *einzigartig.* Erdreistet sich jedoch jemand zu behaupten, wir gehörten darüber hinaus einem *Typus* an, werden ihm viele die „rote Karte“ zeigen.

Allerdings haben Forscher schon seit der Antike die vielfältigen Verhaltensweisen der Menschen in überschaubare Grundstrukturen zusammenzufassen versucht, und das mit der honorigen Absicht, ihnen an Körper und Seele behilflich sein, und *nicht,* um sie in „Schubladen“ einordnen zu können.

Beruhigende Vorbemerkungen zum Enneagramm

Nein, keiner von uns *ist* ein „Typ“ – obwohl es natürlich Typen gibt! – , aber jeder von uns *hat* einen Typus. Auf diese Feststellung lege ich großen Wert! Deshalb sind wir auch keine „Einser“, „Fünfer” oder „Neuner”. Wer sich dieser Begrifflichkeit bedient, wird dem meiner Auffassung nach primären Anliegen des Enneagramms nicht gerecht. Was wäre dieses Anliegen? Uns – tiefer als bisher – durch die Schalen unseres Typus hindurch auf unseren Kern, unsere Individualität, unsere Originalität, unser Selbst schauen zu lassen und daraus Gewinn zu ziehen.

Wer begreift, daß er einen Typus *hat*, versteht zugleich, daß eine Reihe von Neigungen, Denk-, Fühl- und Handlungsgewohnheiten zu ihm gehört, für die er sich nicht zu entschuldigen braucht, nur weil Menschen mit einer anderen Struktur sich nicht wie er verhalten. (Ist es z. B. nicht selbstverständlich, daß ein Dackel bellfreudiger ist als ein Bernhardiner?)

Die Tatsache, daß wir wie die Pflanzen und Tiere sowohl einer Gattung als auch einem Typus angehören und darüber hinaus wie unsere Mitgeschöpfe Individuen sind, wird nur für den eine Kränkung sein, der jene nicht wichtig genug nimmt. Nur – ob da nicht für uns Menschen genügend Gestaltungsfreiheit bleibt, noch menschlicher als bisher werden zu können? Ob das keine bedeutsame Herausforderung ist?

Ob wir es wollen oder nicht – jeder Mensch gehört nur *einem* Typus an. (Kann etwa ein Mischling zu einer Dogge mutieren?) Allerdings wird jeder von seinem benachbarten Typus beeinflußt, so z. B. – das werden Sie bereits im nächsten Abschnitt verstehen – der „Erfolgsmensch” vom „Helfer” oder „Romantiker”. Je reifer jedoch ein Mensch wird, je weiter er seine Persönlichkeit ausbildet, desto mehr lebt er auch die Möglichkeiten, die mit den anderen Strukturen verbunden sind und ist deshalb typologisch nicht mehr leicht zu „orten“.

Das ist sicher: Kein Typus ist „schlechter“ oder „besser“, sondern nur anders als die anderen. Sollte jemand auf die seltsame Idee kommen, qualitative Unterschiede sehen zu wollen, liegt der Grund dafür wahrscheinlich in seinem Mangel an Wertgefühl für sich selbst.

Vielleicht wissen Sie bereits, zu welchem Typus Sie gehören, vielleicht noch nicht. Dann lassen Sie sich Zeit, Ihre Struktur herauszufinden. Bleiben Sie nicht gleich beim ersten Eindruck stehen. Denn das, worum es hier geht, ist kein „Psychosport“, sondern, obwohl wir heiter werden wollen, auch eine ernste Angelegenheit. Sollte Ihnen dieses kleine Buch keinen hinreichenden Aufschluß über Ihre Struktur geben, dann studieren Sie die umfassendere Literatur zum Thema oder sprechen Sie mit jemandem, dem das Enneagramm vertraut ist.

Weitere Vorbemerkungen:

Ich werde Sie im folgenden weder in alle Einzelheiten des Enneagramms einführen noch umfassend über Ihren Typus aufklären. Vielleicht aber macht Ihnen dieses Buch Lust darauf, nach und nach die inzwischen erheblich angewachsenen Literaturberge zum Enneagramm zu besteigen.

Menschliches Leben ist, wie anderes Leben auch, ausgespannt zwischen zwei Polen. Deshalb ist jeder von uns weder nur ein Engel noch nur ein Teufel, sondern eben ein Mensch. Solange wir diesen Globus bewandern, leben wir im Spannungsfeld zwischen Hellem und Dunklem, Gelingendem und Mißlingendem, Lebensbejahung und Lebensverneinung. Deshalb kann das Ziel unseres Lebens nur darin bestehen, daß wir uns dem positiven Pol so weit wie möglich *annähern.*

Jene Passagen also, in denen ich die „Typen" kritisch unter die Lupe nehme, beziehen sich auf Entwicklungsverzögerungen. Davon gänzlich frei zu sein wäre eine Illusion. Außerdem würde das bedeuten, an seiner Persönlichkeit nicht mehr zu arbeiten.

Wundern Sie sich nicht, wenn jeder Typus Ihnen „irgendwie" bekannt vorkommt. Das kann nicht anders sein. Denn wir gehören bekanntlich der Gattung Mensch an und sind deshalb miteinander verwandt.

Beziehen Sie bitte nicht alle beschriebenen Eigenschaften des Persönlichkeitsmusters, dem Sie sich zugehörig fühlen, auf sich. Denn Sie haben es als Individuum selbstverständlich mitgeprägt.

In der nun folgenden Beschreibung des Enneagramms stelle ich *nicht* konkrete Menschen dar, sondern nur typologisch bedingte Seins- und Verhaltensweisen, wie sie sich bei den unterschiedlichen Strukturen beobachten lassen.

Nun endlich können wir anfangen. Ich beginne mit Vergnügen. Denn der „Reformer" ist jener Typus, dem ich selbst angehöre.

Der *Reformer* gibt sich mit dem, was ist, nicht rasch zufrieden. Er will verändern – sich selbst und am liebsten die ganze Welt.

Darf ich gleich etwas Heiteres erzählen?

> *„Ist etwas?" fragt der Barkeeper einen jüngeren Mann, der traurig in sein Glas sieht. Unwillig wendet sich der Angesprochene dem Mitfühlenden zu und sagt: „Vor drei Monaten starb mein Großvater und vererbte mir 90 000 Euro."*
> *„Das ist ja fabelhaft", meint der Barkeeper, „davon träume ich schon lange. Wo ist das Problem?"*
> *Die Stirnfalte des jungen Mannes wird zur Schlucht: „Vor zwei Monaten starb meine Tante und vererbte mir 120 000 Euro." Der Barkeeper vergißt seine guten Manieren, stößt einen kurzen Pfiff aus und fragt: „Was um alles in der Welt macht Sie denn so trübsinnig?"*
> *„Nun ja", belehrt der Trübsinnige den Staunenden, „wissen Sie, was ich im letzten Monat bekam? Keinen Cent, nichts!"*

Sie ahnen schon, mit wem wir es zu tun haben. Mit jemandem nämlich, der die *Neigung* hat, immer mehr sein, immer mehr haben und immer mehr können zu wollen, mit einem Menschen, dem nichts genug ist. Deshalb neigt er dazu, möglichst alles, was ihn und die Welt betrifft, zu ändern, zu perfektionieren, zu vervollkommnen oder wenigstens zu reformieren: Erkenntnis und Liebe, Besitz und Erfolg, Anerkennung und Lusterlebnisse, Macht und Einfluß, Gesundheit und Energie etc. etc. etc. Nichts ist ihm genug. Alles soll noch höher und tiefer, größer und weiter, eben vollkommen sein. Nichts mag er weniger als „halbe Sachen".

Die Folge dieser heroischen Selbst- und Weltsicht: Er neigt dazu, sich über das, was seinen vielen Wünschen nicht entspricht, zu ärgern und aufzuregen und – vor allem – *ungeduldig* zu werden. Noch heute denke ich amüsiert an einen Mann, der mir mit einer Mischung aus Grimm und Selbstbelustigung sagte: „Ich ärgere mich so gern." Und vor wenigen Tagen kam eine junge Frau verspätet zu unserem verabredeten Termin und rief laut: „Am liebsten würde ich mir auf der Stelle den Mann vorknöpfen, der für das Schalten der Ampeln verantwortlich ist!"

Weil der Reformer den Anspruch hat, alles „richtig" zu machen und dann vor anderen gut dastehen möchte, gerät er, wenn er sich ärgert, nicht selten in eine Zwickmühle. Das führt dazu, daß er nach innen schimpft und nach außen gute Miene zum „bösen" Spiel macht.

Das alles ist mir selbst vertraut, vor allem aus jüngeren Jahren. Und heute? Wenn ich schon einmal die Gelegenheit habe, einen Nagel in die Wand zu schlagen, dann muß er auf der Stelle „sitzen". Wenn ich einen Pullover kaufen möchte, werde ich spätestens beim vierten Vorschlag des Verkäufers aufpassen, daß ich dem Herrn gegenüber geduldig bleibe. Wenn ich einen Text schreibe, lege ich ihn erst beiseite, wenn er (meiner Auffassung nach) gut genug ist. Sie sehen bereits jetzt: Unser Typus bleibt uns treu, aber – wir können mit ihm umzugehen lernen. Und seine guten Seiten hat er auch. Davon wird noch ausreichend die Rede sein.

Wer ungeduldig ist, ärgert sich nicht nur rasch, er gerät auch in Streß und übersieht die schönen Seiten des Daseins. Er bleibt nicht in der Gegenwart, sondern bricht ständig zu neuen Ufern auf. Das ist anstrengend, nicht nur für ihn selbst, auch für andere, vor allem dann, wenn sie eine andere Struktur haben. Wenn ihn seine Partner, Freunde oder Kollegen jedoch gut kennen und mögen, wenn sie ein gerütteltes Maß an Reife oder Humor haben, lassen sie sich von seiner Ungeduld und deren Folgen nicht sonderlich beeindrucken.

Ein Kollege erzählte einmal von einer Wanderung im Schnee zu dritt. Plötzlich rutschte ein Herr, seines Zeichens Reformer, aus und versank so tief im Schnee, daß nur noch sein Kopf herausschaute. Da die beiden anderen sofort erkannten, daß die Situation keineswegs gefährlich war, kamen sie ihm nicht gleich zu Hilfe. Die Folge: Der Versunkene begann, einem Rohrspatz gleich, zu schimpfen. Deshalb übersah er selbst die Harmlosigkeit seiner Lage. Er schimpfte in allen Variationen, so daß die anderen zu lachen begannen. Je mehr sie lachten, desto wütender wurde er.
Das Ende der Geschichte ist nur für den erstaunlich, der diesen Typus nicht kennt. Nachdem er mit Hilfe der beiden wieder festen Boden unter den Füßen hatte, wech-

selte sein anfänglich verlegenes Lächeln in ein befreites Lachen über sich selbst. Denn auch dieses Verhalten ist für den Reformer typisch, seine Fähigkeit nämlich, humorvoll zu sein und über sich selbst lachen zu können.

Diese Geschichte gibt mir Gelegenheit, auf die Sonnenseite dieses Typus zu wechseln. Er kann nicht nur humorvoll sein. Er ist auch ziel- und lösungsorientiert. Er bringt eine Menge zustande, besonders dann, wenn sich ihm Probleme in den Weg stellen. Was ihn nämlich in Schwung bringt und hält – man höre und staune –, sind Widerstände. Diese Fähigkeit, mit ihnen fertig zu werden, macht ihn hoffnungsstark. Hoffnung aber ist neben der Suche nach Sinn das stärkste Motiv im Leben. Davon profitieren vor allem jene Menschen seiner Umgebung, die dazu neigen, rasch die Kapitulationsfahne zu hissen.

Eine andere Stärke ist seine Fähigkeit zur Selbstkritik. Wenn er sie nicht übertreibt und nicht in Schuldgefühlen badet, gehört er zu den nicht gerade häufig anzutreffenden Zeitgenossen, die das (uralte) Schuldverschiebespiel nicht mitmachen, sondern, wenn sie einen Fehler begangen haben, an ihre *eigene* Brust klopfen. Ein amüsantes Beispiel:

Eine Mutter (Reformerin), die bemüht ist, ihr Kind „richtig" zu erziehen und daher nicht frei ist von der Tendenz, ihren 4jährigen Bernd häufig zu ermahnen, fragt sorgenvoll ihre Freundin:

„Kann es sein, daß ich Bernd zu streng erziehe? Gestern verlor ich ihn im Kaufhaus. Und als man ihn nach seinem Namen fragte, soll er gesagt haben: „Bernd, laß das.“

Die Fähigkeit zur Selbstkritik hat allerdings auch – wir wechseln noch einmal auf den anderen Pol – weniger angenehme Seiten. Weil der Reformer nicht nur selbstkritisch ist, sondern auch überempfindlich, entwirft seine verletzte Seele manchmal ein hehres Bild von ihm. Was geschieht dann? Dann stellt er sich über andere. Dann macht er sich ganz groß. Dann wird er moralistisch und rechthaberisch. Dann weiß er „alles“ besser. Dann scheint er mehr Einsicht und Überblick als alle anderen zu haben. Dann läßt er niemanden mehr neben sich gelten. Welche Reaktionen dann seitens der Umwelt zu erwarten sind, überlasse ich Ihrer Phantasie.

Ein Beispiel für die Neigung, niemanden neben sich gelten zu lassen:

Der Firmenchef beauftragt seine Sekretärin, einen klugen, zielorientierten und durchsetzungsfähigen jungen Mann zu suchen, den sie für geeignet halte, einmal seine Nachfolge antreten zu können.
Da sie ihren Chef gut kennt, fragt sie leicht beunruhigt, was dann mit ihm geschehen solle. Die klare Antwort: „Kündigen.“

Doch kann auch das geschehen: Wer mit dem Reformer im Zustand seines Erregtseins nicht streitet, sondern ihn behutsam auf seine Überempfindlichkeit und deren unselige Folgen anspricht, spricht seine Fähigkeit zur Selbstkritik an und erlebt, daß er, der gerade eben noch unerbittlich seinen Standpunkt vertrat, ihm mit einem verschämten Lächeln Zustimmung signalisiert und sich einsichtig zeigt.

Seien wir nicht allzu streng mit dem Reformer, wenn ihn Perfektions- und Höhendrang, Ungeduld, Rechthaberei und Empfindlichkeit gepackt haben. Denn niemand leidet an einem solchen Verhalten mehr als er selbst. Wie gern wäre er doch vollkommen!

Lassen Sie uns auch seine guten Seiten nicht vergessen: seine Selbstkritik, seine Hoffnungsstärke, seine Zielorientiertheit, seinen Humor, vor allem seine *Möglichkeit*, geduldig sein zu können. Diese Möglichkeit ist keine Illusion! Sie zu verwirklichen ist für ihn das wichtigste, weil alle genannten Schwächen letztlich in seiner Ungeduld begründet sind.

Was hilft weiter?

Zu jedem Typus gehören, das wissen wir inzwischen, sympathische und weniger sympathische Züge. Worauf wollen wir primär sehen?

Vor ein paar Jahren schenkte mir meine Tochter eine Blume. Einige Wochen später fiel mir auf, daß sie – die Blume natürlich! – „schief" gewachsen war. Ich begriff nicht sofort, warum sie eine solche Entwicklung genommen hatte. Als ich endlich den Grund begriff, wurde mir die Erkenntnis zu einer tiefgreifenden Lebenshilfe, nicht nur für mich, auch für die Menschen, die zu mir kommen.

Des Rätsels Lösung? Sie wissen es schon: Ich hatte den Standort der Blume nicht verändert. Die der *Sonne* zugewandte Seite war besonders stark gewachsen. Nicht nur Blumen brauchen Licht.

Das „Licht" für den Reformer ist die *Geduld.* Lassen Sie uns ein Loblied auf diesen großartigen Wert anstimmen! Jeder Wert aber kann zum Magneten werden, wenn wir für längere Zeit und sooft wie möglich – beim Einschlafen und Aufwachen, auf dem Rad und im Bus, im Chefzimmer und im Restaurant, auf der Party und in der 85. Minute des anscheinend verloren gehenden Fußballspiels etc.

- an ihn denken und uns in ihn einfühlen,
- ihn uns vergegenwärtigen und veranschaulichen,
- die Einsicht zulassen, daß es für uns jetzt und hier

und für längere Zeit nichts Wichtigeres gibt als dieses eine: die Einverleibung dieses einen Wertes.

Was von diesem Wert gilt, gilt im folgenden für alle anderen Werte und deren Aneignung auch.

Von Geduld ist in der modernen Literatur kaum die Rede. Das spricht nicht gegen sie, im Gegenteil. Geduld ist der Gegenpol zu Streß, und Streß ist ein Charakteristikum der Moderne. Allerdings kein ehrenwertes. Denn Streß zu haben bedeutet, nicht die Gegenwart auskosten oder genießen zu können, sondern im Galopp durch sie hindurchzuhetzen.

Ganz anders der Geduldige. Er nimmt sich Zeit. Also hat er Zeit. Er bleibt in ihr. Er weilt in ihr. Sie gehört ihm. Daher kann er warten. Wer warten kann, macht so rasch keine Fehler. Er ärgert sich wenig und regt sich nicht gleich auf. Er läßt den Dingen, die ihm begegnen, „ihre eigene innere Entwicklung“ (Rilke), bis sie ausgereift sind.

Nein, Geduld ist nichts Langweiliges. Geduld ist nichts Passives. Geduld ist auch nicht Sache der Schwachen oder Antriebsarmen. Geduld ist die Fähigkeit des Freien. Geduld zu haben bedeutet, angstfrei durch die Tage zu gehen in dem Bewußtsein, daß er, der Geduldige, das Leben schon meistern oder das Leben selbst die Wege günstig bahnen wird.

Sie sagen, sofern Sie diesem Typus angehören, Ihnen fehle die Geduld, „so etwas“ zu lernen? Wo bleibt Ihr reformerischer Anspruch?

Drei goldene Worte[3]:

***Geduld ist das Schwerste und einzige, was zu lernen sich lohnt.* (Hermann Hesse)**

***Der Teufel fürchtet nichts mehr als die Geduld eines Menschen.* (Hugo von Hofmannsthal)**

***Nehmen Sie die Menschen, wie sie sind. Andere gibt's nicht.* (Konrad Adenauer)**

Der Reformer

Der *Helfer* braucht es, gebraucht zu werden. Für andere dazusein, darin liegt für ihn sein Sinn.

Zwei Pfadfinder wollen gleich am Morgen eine gute Tat tun. Nach einiger Zeit kehren sie ins Lager zurück. Ihre Kleidung ist zerrissen, ihre Seele auch.
„Was ist geschehen?" fragen die anderen.
„Wir wollten einem älteren Mann über die Straße helfen, und das wollte er nicht."

Dieser Witz zeigt bereits den Hauptaspekt dieses Typus. Er hat die *Neigung*, anderen zu helfen, auch wenn diese so hilfsbedürftig nicht sind. Das führt zu der einen oder anderen Schwierigkeit.

Ich kenne Helfer-Männer, die sich liebevoll der Küche nähern und der Gattin sanft das Gemüse, den Teller oder das Gewürz aus der Hand nehmen in der an und für sich löblichen Absicht, ihr die Arbeit abnehmen zu wollen. Was aber, wenn sie das gar nicht möchte? Wenn sie sich heute bei ihrer Arbeit durchaus nicht unwohl fühlt? Wenn sie nicht nur heute, sondern oft die Hilfswilligkeit des Gemahls geradezu fürchtet? Ich kenne auch Helfer-Frauen, die andere Menschen nach ihrer Befindlichkeit fragen – in froher Erwartung, ihnen behilflich sein zu können, und die enttäuscht sind, wenn sie ihnen nicht zur Seite stehen dürfen.

So manches Mal – das muß einmal gesagt werden – drängt der Helfer einem anderen seine Hilfe auf. Kommt er dann nicht zum Ziel, schreckt er bisweilen nicht davor zurück, sich seiner manipulatorischen oder schmeichlerischen „Fähigkeiten" zu bedienen. Dann sagt er z. B.: „Glaub mir, du siehst wirklich nicht gut aus. Ich wollte sowieso zum Markt. Da kann ich dir gleich das mitbringen, was du brauchst."

Sie werden mit Recht fragen: Klagen wir denn nicht ständig darüber, daß die Hilfsbereitschaft der Menschen abnimmt? Gewiß. Aber: „Noch eine gute Tat gegen meinen Willen – und ich bin verloren", hat der Philosoph Arno Plack einmal gesagt. Es ist eben ein Unterschied, ob jemand wirklich Hilfe braucht – oder ob sie ihm angedient wird. Hier liegt das Problem!

Doch Vorsicht. Das Gespräch mit dem Helfer ist nicht frei von Hindernissen. So leicht versteht er nämlich nicht, wenn die aus seiner Sicht gutgemeinte Hilfe abgewiesen wird. Und wenn das geschieht, kann sich zur Überraschung des anderen unter der Sanftheit des Helfers Unsanftes zeigen.

Der Helfer braucht es, gebraucht zu werden. Warum? Weil er, wenn er viel und oft hilft, das Gefühl hat, wichtig im Leben zu sein, weil er, wenn er für andere da ist, Sinn in seinem Leben sieht.

Dieses Gefühl hat er nicht, wenn er nur dann hilft, wenn die Situation es erfordert? Doch, auch dann. Er hat jedoch die Neigung, *mehr als üblich* für andere zu tun. Dieses Selbst- und Lebensverständnis gehört eben zu seiner Struktur. So versteht er sich und sein Leben – zunächst. Erst dann, wenn ihm aufgeht, daß er häufig nicht aus Freiheit handelt, sondern aus typologisch bedingter Notwendigkeit, sucht er sein Selbstwert- und Sinngefühl woanders: nämlich in sich selbst und in dem, was ihm seine Seele an Aufgaben zeigt. Verstände er diesen Zusammenhang, sähe er bereits von weitem die Fahnen der Freiheit.

Sie können sich vorstellen, daß der Helfer sich selbst nur eines schenken lassen möchte. Sie haben es erraten: Anerkennung und Dank, und davon, wenn möglich, nicht wenig. Dazu fühlt sich der, dem geholfen wird, selbstverständlich verpflichtet, zumal dann, wenn der Helfer reichlich seine „karitativen Duftmarken" hinterlassen hat, wie es ein Enneagramm-Kenner boshaft formulierte. Wer aber Dank *erwartet*, muß sich nicht wundern, wenn er nicht so ausfällt, wie er ihn sich wünscht.

Auwei, jetzt habe ich ein „schlechtes" Gewissen. Doch das geht manchem so, der die nicht immer lautere Motivation des Helfers unter die Lupe nimmt. Denn was wäre die Welt ohne ihn? Galt nicht immer schon die tätige Liebe als Tugend Nr. 1? Doch bevor mich, den Reformer, die Schuldgefühle einzukesseln beginnen, wechsle ich rasch auf die Sonnenseite unseres Typus, und das tue ich gern.

Fatal wäre, wollten wir *all* seine Bemühungen egoistisch nennen. Vieles, was er tut, ist zweifellos aufrichtig, verantwortungsbewußt und hilfreich. Dafür gebührt ihm Dank. Und: Da er eine warmherzige Ausstrahlung hat und einfühlsam ist, fühlen sich viele, die ihm begegnen, wertgeschätzt. Diese Wertschätzung kann sehr konkret sein: Der Helfer sucht und entbindet Begabungen, Talente, das Gute im Menschen. Gäbe es in dieser kritikwilligen Zeit mehr dieser seelisch-geistigen „Hebammen", wäre es in der Welt nicht so kalt. Gäbe es mehr Menschen, die, wenn sie „realistisch" sein wollen, nicht nur das Defizitäre, sondern auch das Liebenswerte an anderen entdeckten, wäre weniger Angst in der Welt.

Ich lese immer wieder, der Helfer sei zu stolz, um sich selbst helfen zu lassen. An dieser bislang unwidersprochenen Behauptung habe ich zunehmend Zweifel. Ich glaube vielmehr, daß er so schwer von seinem „Helfersyndrom" lassen kann, weil es ihm die einzige Möglichkeit zu sein scheint, zu sich selbst stehen zu können. Das löst in mir Mitgefühl aus. Daß er sich jedoch von diesem Syndrom befreien kann, zeigen viele gereifte Helfer. Ihnen zu begegnen und ihre dezent wirkende Hilfsbereitschaft zu erleben, ist eine Freude.

Was hilft weiter?

Der Wert, der für die Persönlichkeitsbildung des Helfers entscheidend ist, heißt: *Liebe, die sich und den anderen meint.*

Sie sagen, das sei ein viel zu umfassendes Programm, außerdem sei die Verwirklichung dieses Wertes doch für jeden gut? Recht haben Sie. Also verkleinern wir das Programm. Sollte sich der Helfer darauf einlassen, wird er auch mit dem kleineren „Format" viel erreichen.

Ich frage Sie, lieber „Helfer": Wollen Sie mir helfen, Sie besser zu verstehen?

Welche *Wünsche* haben Sie in Ihren Tiefen vergraben und welche unter der Oberfläche? Fangen wir mit letzterem an:

Wie wäre es mal wieder mit einem Theaterbesuch, einem Konzert, einer Reise nach …? Sie haben sich schon lange kein neues Kleid mehr gekauft, keinen Besuch im Café gegönnt? Sie möchten wieder einmal bummeln gehen? Nur so?

Sie sagen, diese und ähnliche Vorschläge seien nichts für Sie, sie seien zu banal? Sie paßten nicht zu Ihrer Lebensart? Dafür hätten Sie keine Zeit? Hand aufs Herz! Da meldet sich bei näherem Hinsehen kein Wunsch dieser Art? Was *unter* der Oberfläche liegt, ist ja zunächst einmal verborgen.

Und die Wünsche, die Sie in den Tiefen vergraben haben? Danach zu suchen bedarf schon einiger

Mühe. Die Tiefen? Damit meine ich jenen Bereich, den Sie schlicht „Seele" nennen können. Was möchte *sie* wohl anders haben? Welche Wünsche hat *sie* wohl an Sie? Bedarf sie *nicht* Ihrer Zuwendung und Hilfe? Ob die Seele, wenn wir zu wenig nach *ihren* Wünschen fragen, auf Dauer liebesfähig bleiben kann?

Sie wollen nicht egoistisch sein, sagen Sie. Damit rennen Sie bei mir offene Türen ein. Denn egoistisch sein heißt, den Weg ins Un-Glück gehen.

Wer wäre denn nicht egoistisch? Der, der beides lebte: die Liebe zu anderen *und* die Liebe zu sich. Warum ist das so? Weil wir als Menschen beides sind: Individuen und Gemeinschaftswesen und daher dazu herausgefordert, für beide da zu sein: für andere und für uns selbst.

Drei goldene Worte:

Je weniger man die Menschen braucht, desto mehr verlangen sie nach einem. **(Friedl Beutelrock)**

Man liebt den anderen nicht, wenn man sich nichts von ihm schenken lassen will. **(ein nigerianisches Sprichwort)**

Denk doch nicht ständig an mich, ich will auch mal alleine sein. **(ein Unbekannter)**

Der *Erfolgsmensch* möchte bewundert werden. Und dafür leistet er viel.

Wenn Ihnen ein Mensch mit dynamischer, charmanter und attraktiver Ausstrahlung begegnet, der Ihnen ganz zugewandt ist und Ihnen den Eindruck vermittelt, es gebe z. Zt. keinen wichtigeren Menschen auf der Welt als Sie, dann haben Sie es *vielleicht* mit einem Erfolgsmenschen zu tun.

Wenn Sie ihn näher kennenlernen und bemerken, daß er auch ehrgeizig, tatkräftig und leistungsfähig ist, dann haben Sie *wahrscheinlich* mit diesem Typus zu tun.

Der Erfolgsmensch ist, wie der Reformer, ziel- und lösungsorientiert. Während es dem Reformer jedoch darum geht, die Dinge „richtig" zu machen, geht es dem Erfolgsmenschen vor allem darum, seinen „Marktwert" zu erhöhen. Denn sein Image ist ihm wichtig, sehr wichtig sogar. Er möchte bewundert werden. Wenn er bewundert wird, hat seine Umgebung den Himmel auf Erden – und auch er selbst, vorläufig jedenfalls. Er ist nicht nur ziel- und lösungsorientiert, sondern auch kompetent. Er ist Pragmatiker. Deshalb nennen ihn manche Autoren den „Macher".

Es macht Vergnügen, mit ihm gemeinsam etwas zu unternehmen. Seine Jugendlichkeit, seine Begeisterungsfähigkeit und sein Optimismus sind ansteckend, seine Fähigkeit, andere zu motivieren, ist erfrischend. Darüber hinaus ist er ein Visionär, dem Ideen kommen, zu denen nicht jeder Zugang hat. Wenn sie nicht allzu realitätsfern sind, setzt er sie in die Tat um. Niemand wird sich in seiner Nähe langweilen. Seien Sie deshalb in seiner Gegenwart vorsichtig, wenn Sie selbst eine für Sie ungewöhnliche Idee haben. Er wird nicht, wie so viele andere, sorgenvoll den Kopf schütteln und „realistisch" werden. Er wird temperamentvoll in die Hände klatschen, sich im Stuhl aufrichten, Sie anstrahlen und sagen: „Well, let's do it!" Ist er nicht liebenswert?

Nicht immer ist es ihm wichtig, auf welche Weise er zu Erfolg und Anerkennung kommt. Es kann sein, daß er sich mit Menschen und Aufgaben identifiziert, die ihm persönlich gar nicht entsprechen, ihm jedoch Vorteile versprechen. Es kann z. B. sein, daß er für eine Werbefirma mit einem Fallschirm springt und sich einbildet, es gebe für ihn kein größeres Vergnügen, daß er begeistert Versicherungen verkauft und sich einbildet, sie seien die besten. Er versieht Dinge mit Glanz, die in Wirklichkeit auch für ihn so glanzvoll nicht sind. Er versteigt sich zu Auffassungen, die er später ganz anders sieht. Zwei köstliche Witze als Beispiele:

Der Makler zeigt einem Interessenten ein neues Haus. Er schickt eine Mitarbeiterin in ein Nebenzimmer und ruft:
„Können Sie mich hören?"
„Ja."
„Können Sie mich sehen?"
„Nein."

Freudestrahlend wendet sich der Makler an den Kunden: „Das sind Wände, was!“

Voller Stolz zeigt der neue Reihenhausbesitzer einem Freund seinen Garten. Einen Augenblick zögert dieser, dann sagt er: „Groß ist er ja nicht.“
Darauf entgegnet der stolze Besitzer: „Nein, aber unwahrscheinlich hoch.“

Man wundert sich hin und wieder auch über sein generöses Verhältnis zur Wahrheit. So kommt es vor, daß er – vor allem dann, wenn er sich in einer Zwickmühle befindet – auf charmante Weise Eindeutiges leugnet. Wie viele Erfolgsmenschen wollen z. B. nicht wahrhaben, daß Partner, die sie verlassen haben, sie nicht mehr lieben. Sie wollen eben keine Verlierer sein.

Eine Variante zu ihrem freien Umgang mit Wahrheit ist ihre Neigung, Probleme so aufzufassen, daß sie ihren Ernst verlieren. Ob ich Ihnen als Beispiel den folgenden Witz erzählen darf, weiß ich nicht so recht. Ich schaue den Reformer und den Helfer an und sehe, wie beide mit ernstem Gesicht abraten. Doch da schaut der Erfolgsmensch ihnen über die Schultern und zwinkert mir ermutigend zu. Also:

Vorsichtig eröffnet die Tochter dem alten Lord, daß sich seine hübsche Nichte in Amerika als Callgirl betätigt.

Da stöhnt der alte Mann auf und sagt verzweifelt: „Nicht zu fassen! Ein Mitglied unserer Familie arbeitet!“

Rührend dagegen ist das folgende Beispiel:

„Boris“, sagt die Lehrerin verärgert, „das ist das dritte Mal, daß du auf Steffis Heft schielst.“
Boris entgegnet scheinbar vorwurfsvoll: „Das kommt nur davon, weil Steffi so undeutlich schreibt.“

Habe ich mit dem Erfolgsmenschen in der Praxis zu tun, fällt es mir nicht leicht, mit ihm über die Ursachen seiner Probleme zu sprechen: über seine Prestigesucht und seine Täuschungsmanöver, über seine Neigung, sich selbst zu überschätzen und seinen Opportunismus, über seine rasche Bereitschaft, aggressiv zu werden, wenn ihm oder anderen etwas mißlingt. Dann muß ich auf der Hut sein, daß er seine Schwierigkeiten nicht schönt oder „irgendwie“ in Teilsiege umdeutet. Irgendwann aber tappt er in seine eigene Falle: Spreche ich ihn nämlich darauf an, daß er ein Erfolgsmensch sei, dann ist er bereit, das Beste aus seiner Therapie zu machen. Dann tritt er die Flucht nach vorn an. Dann arbeitet er tatkräftig mit. Dann will er das „Spiel“ gewinnen. (Vielleicht auch deshalb, weil er vor mir als „Winner“ dastehen möchte.) Was wären wir ohne diesen Menschen mit seiner positiven Ausstrahlung, seiner Dynamik und Tatkraft, seinen Visionen und Motivationskünsten?!

Was ihm auf seinem Weg zur Reife manchmal fehlt, ist vor allem die Beziehung zu sich *selbst*, zu seinem Original. Zum Original? Damit meine ich das ureigene Wesen eines Menschen, den Kern, das Unverwechselbare, die Individualität und damit seine *persönlichen, innersten* Gefühle. Solange der Erfolgsmensch keine dichte Beziehung zu sich selbst hat, begreift er nicht, warum er sich auf Verhaltensweisen einläßt, die ihm *selbst* nicht entsprechen.

Was hilft weiter?

Der Wert, der den Erfolgsmenschen wie keinen anderen Typus in seiner persönlichen Entwicklung weiterbringt, ist die *Wahrhaftigkeit.*

Der Wahrhaftige steht zu dem, was ist. Er macht sich nichts vor. Er macht auch anderen nichts vor. Er kann sich auf sich verlassen, und die anderen können sich auf ihn verlassen.

Wer sich und anderen nichts vormacht, ist nicht in sich gespalten. Er ist mit sich identisch, ist sich selbst nahe. Er fühlt sich selbst und das, was ihm entspricht. Er täuscht sich selbst nicht, er täuscht auch andere nicht. Und nicht nur das:

Der Wahrhaftige spart, weil er nicht mit Täuschungen, Aus-Reden (!) und Scheinwahrheiten befaßt ist, viel Kraft, weil nichts mehr Kraft verbraucht als das Ausweichen vor und das Verdrängen von Wahrheiten.

Der Wahrhaftige hat noch einen Vorzug, der leider viel zu wenig gerühmt wird: Er kann über sich selbst lachen. Warum? Weil er seine Schwächen nicht verbergen muß.

Und noch etwas: Er gewinnt auf Dauer die Achtung der anderen und damit ein hervorragendes „Image“.

Drei goldene Worte:

Wer den Schmutz immer unter den Teppich kehrt, hat bald Schwierigkeiten, auf dem Teppich zu bleiben. **(Georg Christoph Lichtenberg)**

Aufrichtigkeit ist höchstwahrscheinlich die verwegenste Form der Tapferkeit. **(William Somerset Maugham)**

Vollkommene Aufrichtigkeit ist der Weg zur Originalität. **(Charles Baudelaire)**

Der *Romantiker* liebt das Besondere. Deshalb begibt er sich auf die Suche nach dem fernen Schatz.

„Man versehe mich mit Luxus. Auf alles Notwendige kann ich verzichten." Dieser Satz des Romantikers Oscar Wilde führt Sie eindrucksvoll in unser neues Thema ein.

Sie sehen schon: Der Romantiker ist anspruchsvoll – sowohl in äußeren als auch in inneren Dingen. Deshalb, verehrte Leser, sollten Sie beim Lesen dieses Abschnittes Popmusik oder andere profane Musik hören, wechseln Sie Ihre Diskette. Hören Sie lieber Schubert oder Schumann. Denn der Romantiker ist allem Alltäglichen, Durchschnittlichen, Trivialen und Profanen abhold.

Typus? Diesen Begriff hört er gar nicht gern. Denn er, der feinsinnige und empfindsame, kreative und künstlerische Mensch legt sehr viel Wert auf seine Individualität. Wie alle anderen sein, denken, fühlen und handeln, das mag er nicht. Als sich z. B. bei einem Enneagramm-Seminar erstaunlich viele Teilnehmer als Romantiker „outeten", distanzierte sich einer von ihnen und beschloß, keiner zu sein.

Der Romantiker sucht Harmonie und Ganzheit. Doch die Welt, wie sie sich ihm darstellt, ist nicht so, wie er sie möchte. Darin *scheint* er dem Reformer verwandt. Doch während dieser alles daransetzt, zu ändern, was zu andern ist, zieht sich der Romantiker eher in seine innere Welt zurück. Sie ist ihm wichtiger als die äußere. Sie zu verstehen ist sein besonderes Anliegen, und er versteht sie sehr differenziert. Deshalb ist es ein Genuß, mit ihm zu sprechen.

Er scheut kein menschliches Thema, im Gegenteil: Je dunkler, abgründiger oder seltsamer die Inhalte sind, desto interessierter und offener ist er. Schwierig im Umgang wird er, wenn er unter der „Normalität“ (aus seiner Sicht = Oberflächlichkeit) seiner Mitmenschen zu leiden beginnt. Dann kann es sein, daß er sich arrogant zurückzieht, z. B. mit einem Satz dieser Art: „Ich bin gern mit einem interessanten Menschen zusammen. Deshalb bin ich so gern allein“. Arroganz aber ist das Schutzschild des Unsicheren.

Wer so redet, läuft selbstverständlich Gefahr, andere Menschen vor den Kopf zu stoßen, zu verprellen oder in Rage zu bringen. Wann immer das geschieht, erlebt der Romantiker genau das, was er *im Grunde* nicht möchte: daß ihn andere wegen seiner Extravaganzen in Wort und Tat isolieren.

Eine Möglichkeit, mit der profanen Welt umgehen zu können, besteht für ihn darin, sie durch *Rituale und Symbolisierungen* zu verfeinern, zu überhöhen und zu gestalten. Dabei denke ich z. B. an eine Frau, die ihrem Mann morgens durch die Stellung ihrer beider Zahnbürsten signalisierte, wie sie die derzeitige Beziehungsqualität einschätzte. Zahllos sind die Beispiele, in denen Romantiker durch symbolische Handlungen anderen zu verstehen geben, was sie denken, empfinden und fühlen. Denn Worte sind für sie häufig nur simpel und drücken nicht kunstvoll genug aus, was sie, die Künstler der Kommunikation, in Wirklichkeit sagen wollen.

Ein Beispiel:

Nicht gerade zartfühlend erkundigt sich die Freundin bei ihrer liebsten Cousine nach deren Freund: „Was ist mit ihm? Hat er dir noch immer keinen Heiratsantrag gemacht?“
„Nein!“ haucht die Angesprochene zurück und schaut in die Ferne.
„Dann solltest du ihn mal daran erinnern.“
„Das mach’ ich doch täglich. Immer dann, wenn ich mir eine Zigarette anzünde, blase ich ihm Ringe zu.“

Scharfzüngig kann der Romantiker sein, wenn er seinen Unmut zum Ausdruck bringen möchte. Dann findet er Worte, die es ihm erlauben, den anderen schachmatt zu setzen. Ein Beispiel:

„Wie fanden Sie unser Steak?“ fragt der Kellner, nicht frei von Bedenken, den Gast.
Dieser, mit einem Anflug nicht näher bestimmbaren Lächelns, sagt: „Ich räumte die Kartoffeln beiseite, und siehe, da lag es.“

In aller Regel sehen Sie den Romantiker seinem feinsinnigen Wesen entsprechend gewandet. Es gibt aber auch Zeiten, da will er nur auffallen. Dann erlaubt er sich ein verwegenes „Outfit“. Dann trägt er ausgefallene Kleidung und genießt es, wenn andere, von ihm „Spießer“ oder „Bürger“ genannt, kopfschüttelnd an ihm vorbeigehen. Dann kümmert ihn weder eine Kleiderordnung noch sonst irgendeine Ordnung. Dann macht er sich selbst zur Norm und tut, was ihm gefällt. Ein harmloses Beispiel:

> *In sich gekehrt, verläßt der letzte Gast das Lokal. Der Kellner folgt ihm und erinnert ihn daran, daß er nicht bezahlt hat. Versonnen schaut er durch den Kellner hindurch und sagt mit einem tiefen Seufzer: „Ich trank, um zu vergessen."*

Diese Welt, ich sagte es schon, bietet dem Romantiker keine Heimat – zunächst jedenfalls nicht. Wann immer dieses Gefühl ihn dominiert, steigt Neid in ihm auf, Neid auf jene, die nicht so begabt sind wie er und trotzdem mehr Anerkennung und Zuwendung erhalten. Anschaulich hat Thomas Mann diesen Zusammenhang in „Tonio Kröger" beschrieben:

Da steht der Romantiker Tonio allein (und einsam) auf der Empore des Ballsaales und schaut auf die Tanzenden, die die „Wonnen der Gewöhnlichkeit" genießen, herab (!), besonders auf Hans Hansen, der lustvoll stampfend – und schwitzend – dem Morgen entgegenschwoft. Zugleich aber empfindet Tonio tiefe Wehmut, nicht dazuzugehören.

Wonach aber sehnt sich der Romantiker *im Grunde?*

Nach der *„blauen Blume"*, dem fernen Schatz, dem fernen Glück, dem fernen Ziel.

Sie werden ungeduldig, verehrte Leser? Was Sie vom Romantiker erfahren, erscheint Ihnen weltfremd und „abgehoben" von der Realität? Vorsicht! Bitte bedenken Sie, daß die z. T. seltsam anmutenden Verhaltensweisen *typologisch* bedingt sind.

Was wären wir denn *ohne* diesen Typus? Seine Symbolisierungen und Rituale erinnern uns daran, daß Leben seine Wurzeln nicht im Vordergründigen hat. Sein ästhetisches Empfinden führt uns zu den Fundgruben der Phantasie für die Entwicklung von Kultur (die wir besonders in einer Zeit zunehmender Profanierung des Lebens dringend brauchen). Seine Sehnsucht nach Harmonie und Ganzheit hält in uns die Erinnerung wach, daß Leben nicht so bleiben muß, wie es nun einmal ist. Schließlich ist sein Wunsch, die „blaue Blume" zu finden, ein Anreiz auch für andere, den eigenen Weg zu gehen.

Wenn der Romantiker die problematischen Anteile seines Typus durchschaut und sich mit ihnen auseinandergesetzt hat, wird er zwar aufgrund seiner Sensibilität an seiner Umgebung immer wieder einmal leiden, er wird ihr jedoch gleichmütiger begegnen. Mehr noch: Er wird sich mit der Wirklichkeit nicht nur „abfinden", sondern die in ihr verborgene Faszination erfahren und die „Perlen im Staube" entdecken. Er wird auf Menschen zugehen und sie mit seiner Feinsinnigkeit in Wort und Tat beglücken. Nicht wenige werden in ihm wegen seines *veränderten* Verhaltens einen besonderen Menschen sehen. Das gilt vor allem dann, wenn er den Wert lebt, der für ihn wichtiger ist als jeder andere: die *Echtheit.*

Was hilft weiter?

Echtheit ist nichts Künstliches. Echtheit ist etwas Natürliches und Geistvolles, Urwüchsiges und Ursprüngliches.

Ein echter Mensch ist ein wahrhaftiger Mensch. Er streift ab, was nicht zu ihm gehört und was ihn von ihm selbst entfremdet: das Künstliche und das Exzentrische, das Tragische und das Selbstmitleidige, das Sehn-Süchtige und die Attitüde der Besonderheit.

Der echte Mensch ist originär und daher geistig selbständig. Er braucht sich nicht mehr um seine Besonderheit zu (be)kümmern. Er hat alle Voraussetzungen für die Entwicklung von Klarheit, Einfachheit und Lebensbejahung. Er findet Heimat in sich selbst. Er findet die Liebe zu sich und dem Leben. Er ruht in sich selbst.

Drei goldene Worte:

Wenn wir alle die erste Geige spielen wollten, würden wir nie ein Orchester zusammenbekommen. **(Robert Schumann)**

Die Tiefe ist im Klaren und Hellen. **(Hermann Hesse)**

Das Größte an ihm ist, daß er so einfach ist. **(Max Brod)**

Der Romantiker

Der *Beobachter* braucht
Abstand – zu sich, zu anderen,
zum Leben.

Ein altes Ehepaar besucht ein kleines Dorf, in dem es sich kennen- und lieben gelernt hat.
Als die beiden „ihren" Weg noch einmal gehen, bleiben sie an einem Zaun stehen. Da nimmt der alte Herr seine Frau in die Arme und küßt sie. „Das ist ja seltsam", sagt er nach einiger Zeit gerührt, „du zitterst ja wie damals." Seine Rührung verfliegt im Nu, als sie sagt: „Vor 40 Jahren war der Zaun allerdings noch nicht elektrisch geladen."

Da haben Sie ihn, den Beobachter-Typus! Der alte Herr, der nicht dieser Struktur angehören dürfte, ist gefühlvoll und unmittelbar. Sie dagegen, die alte Dame, läßt sich von der für ihn emotional aufgeladenen Situation keineswegs beeindrucken, sondern analysiert den Zusammenhang zwischen Zaun und Zittern und kommt zu dem beschriebenen nüchternen Ergebnis.

Analytisch ist dieser Typus. Ein Forscher. Scharfsinnig durchdenkt er Menschliches, Technisches, Vergangenes, Kommendes und auch das, was die Gegenwart bietet. Er ist ein klar denkender Mensch. Weil er viel fragt, weiß er viel. Weil ihn vieles interessiert, erfindet er viel. Weil er neugierig ist, ist er offen für alles Neue. Er ist so, weil er *Abstand* hat: zu Menschen, zu Dingen, zum Leben.

Da stehen wir nun vor ihm, wir Reformer, Helfer, Erfolgsmenschen, Romantiker und sind voll Bewunderung für ihn, den Beobachter:

Der Reformer ballt in der Hosentasche die Hand zur Faust und sagt: „Seine Geduld müßte (ein häufig von ihm gebrauchtes Wort) man haben."

Der Helfer schaut ihn freundlich an und denkt insgeheim, ein wenig von seiner Fähigkeit, sich selbst zu bewahren, täte mir irgendwann auch einmal gut.

Der Erfolgsmensch vermeidet den Impuls, dem Beobachter auf die Schulter zu klopfen. Statt dessen fragt er – als ob das dem Beobachter weniger unangenehm wäre: „Wie schaffen Sie das, nicht gleich auf jeden Menschen hereinzufallen?"

Nur der Romantiker ist in seiner Haltung zwiegespalten: Einerseits schaut er den Beobachter mit dunklen Augen an und wünscht sich, so wie er seine Emotionen kontrollieren zu können. Andererseits liegt ihm ein Satz auf der Zunge, den er nicht auszusprechen wagt, weil er eine seiner ironischen Bemerkungen fürchtet.

Eine solche Bemerkung traf einmal Männer der Gestapo. Als Sigmund Freud, seines typologischen Zeichens ein Beobachter, 1938 Wien verließ, zwang ihn die Gestapo, den Satz zu unterschreiben, er sei von den deutschen Behörden im allgemeinen und im besonderen von der Gestapo mit der seinem wissenschaftlichen Ruf gebührenden Achtung und Rücksicht behandelt worden. Freud bat darum, hinzufügen zu dürfen: „Ich kann die Gestapo aufs beste empfehlen."[4]

Wir sollten vorläufig auf weitere Lobreden des

Beobachters verzichten. Denn erstens sind sie ihm unangenehm, zweitens ist er ein Beobachter! Das bedeutet: Er kommt anderen nicht nahe und sie ihm nicht. Da fehlt die Brücke zwischen ihm und ihnen – jedenfalls, solange er sich mit seinem Typus identifiziert. Und das macht anderen zu schaffen. Das verunsichert sie. Wenn er sich gar aufs Schweigen verlegt, dann sehen Sie förmlich, wie sich Eisberge um ihn ausbreiten.

Seine Neigung, die Emotionen stark zu kontrollieren und sich von seinen Mitmenschen zu distanzieren, auch seine Tendenz, sie mit einem gewissen Argwohn zu überschatten, läßt ihre Herzen gewiß nicht höher schlagen. Er *selbst* will sehen, selbst aber nicht gesehen werden. *Er* hält sich zurück. Er teilt *sich* nicht mit. Er zeigt sich nicht ganz. Er gibt sich nicht ganz. Wer sich aber nicht dem Leben aussetzt – der Freiheit, der Liebe, der Verantwortung, dem Mut etc. –, den setzt das Leben aus, und sei er noch so intelligent, informiert und analytisch. Ein schlichter Witz auf der *äußeren* Ebene illustriert, worum es geht:

Am Bahnhof trifft ein Schotte seinen Freund und fragt erstaunt: „Wo kommst du denn her?"
Gut gelaunt antwortet er: „Von meiner Hochzeitsreise!"
Erstaunt fragt der Freund: „Und wo ist deine Frau?"
„Zu Hause", entgegnet der Hochzeiter ganz selbstverständlich, „sie kannte Venedig schon."

Nun reicht's mit den negativen Zeilen. Es wird Zeit, den Beobachter wieder zu rühmen (was er allerdings selbst in gereiftem Zustand nur schwer aushalten kann):

Wenn er seine Schwachstellen erkannt und daraus Schlüsse gezogen hat, ist es eine Wohltat, mit ihm zu sprechen. Dann erleben wir mit Bewunderung seine Objektivität, sein Verständnis und seine Weisheit. Dann genießen wir seinen stillen Humor. Dann staunen wir über seine mitfühlende Kraft. Dann wundern wir uns, was alles wir ihm anvertrauen können. Das gilt selbst für Dinge, die die Presse besser nicht erfahren sollte.

Wenn er begriffen hat, daß Wissen wichtig, Weisheit jedoch viel wichtiger ist, wenn er darüber hinaus mit dem Herzen erkannt hat, daß Weisheit ohne Liebe einer goldenen Sonne ohne Strahlen gleicht, dann steht ein Mensch vor uns, dem unsere tiefe Achtung gilt.

Was hilft weiter?

Der für den Beobachter wichtigste Wert heißt *Engagement.* Engagement – nicht nur gedanklich, systematisch, theoretisch, abstrakt, sondern mit Händen und Füßen, Herz und Mund, in Beziehungen und mitten im Leben.

Ist aber nicht die Zurück-Haltung gerade die größte Barriere des Beobachters auf dem Weg zu einem erfüllten Leben? Ja, sicher. Doch *jeder* Typus hat seine spezifische Herausforderung. Warum sollte gerade der Beobachter davon ausgenommen sein? Wer sich engagiert, bekennt sich zu etwas oder jemandem und setzt sich dafür ein. Er hält sich nicht zurück. Er kümmert sich nicht in erster Linie darum, ob er sich Blessuren einhandelt, sondern darum, ob er das, wofür er sich engagiert, erreicht. Und das bringt großen Gewinn! Denn: Wer sich nur theoretisch und nicht praktisch, nur abstrakt und nicht konkret mit Leben befaßt, der bleibt am Rand des Lebens stehen, der gewinnt keine Beziehung zu ihm. Die Folge: Seine Seele bleibt leer.

Wer dagegen praktisch und konkret Beziehungen zum Leben eingeht, wird zwar von manch Unangenehmem nicht verschont – leer bleibt seine Seele *nicht.* Denn sie empfindet und fühlt, sie freut sich und zürnt, fühlt sich niedergeschlagen und steht wieder auf. Sie ist lebendig. Lebendigkeit aber macht Sinn.

Drei goldene Worte:

***Was unser Verstand denkt und sagt, ist ein Fliegenschiß neben dem, was unter der „Schwelle" an Leben, Beziehungen, Verwandtschaften läuft und strömt.* (Hermann Hesse)**

***Das Herz kennt Gründe zum Leben, die der Verstand nicht kennt.* (Blaise Pascal)**

***Es kommt nicht darauf an, viel zu denken, sondern viel zu lieben.* (Teresa von Avila)**

Der *Loyale* sucht die Gemeinschaft mit anderen. Gemeinschaft ist die Grundlage seines Lebens.

Was wären wir ohne diesen Typus! Er ist der Gemeinschaftsmensch schlechthin.

Er ist verantwortungsbewußt und engagiert, verbindend und warmherzig. Seine Ausstrahlung ist wohlwollend, seine Hilfsbereitschaft auffallend. Besonders sympathisch an ihm ist, daß er – im Gegensatz zu dem noch nicht ausgereiften Helfer – keinen besonderen Dank erwartet. Er ist auch nicht ständig damit beschäftigt, hilfreich sein zu wollen. Nur wenn er gebraucht wird, ist er zur Stelle.

Sie bemerken es, wenn er in einer Gruppe nicht vertreten ist. Wenn er da ist und sieht, daß ein Gruppenteilnehmer nicht hinreichend beachtet wird, bezieht er ihn ins Geschehen ein. Wenn ein anderer in die Kritik gerät, stellt sich der Loyale, wenn es ihm irgendwie möglich ist, auf seine Seite, selbst dann, wenn er die Kritik nachvollziehen kann. Daß Menschen gleichwertig gesehen und gleichwertig behandelt werden, ist sein spezifisches Anliegen.

Manchmal allerdings nimmt sein Verantwortungsgefühl seltsame Formen an: Hat z. B. der Leiter eines Seminars ein spannendes Einführungsreferat gehalten, kann es sein, daß sich der Loyale bei der Schlußrunde vor allem bei der bis dahin schweigenden Mehrheit bedankt (was den Leiter, sofern er zu den Reformern, Erfolgsmenschen oder Romantikern gehört, nicht beglückt).

Oder denken Sie an Berti Vogts, den früheren Bundestrainer der deutschen Fußballnationalmannschaft. Lief z. B. ein Spieler zu großer Form auf, gelang es dem Bundes-Berti nicht, den Star zu loben. Er bestand vielmehr darauf, daß die *Mannschaft* der Star sei, und erntete deshalb so manche Kritik.

Sich nur nicht zu wichtig nehmen, weder sich selbst noch andere! Diese Bescheidenheit ist einerseits bestechend, andererseits birgt sie die Gefahr in sich, daß der, der sich selbst zu wenig wichtig nimmt, nicht das Beste aus sich herauslebt und einer „grauen Maus" ähnlich zu werden droht.

Eine andere Gefahr besteht darin, daß er sich selbst zum Opfer macht. Das kann fatale Folgen haben. Wie viele Frauen, die dieser Struktur angehören, dulden über Jahre die Lieblosigkeit, den Verrat oder die Tyrannei ihrer Männer. Statt sich aufzurichten, sich zu empören und Konsequenzen zu ziehen, ziehen sie sich – ohne sich dessen gänzlich bewußt zu sein – in eine Opferrolle zurück.

Ein scheinbar harmloses Beispiel, das ich nicht vergessen werde: Eine Mutter hatte für ihre vierköpfige Familie vier Pudding-Schälchen vorbereitet. Jeder Pudding wurde mit höchstem Genuß gegessen. Sie nehmen an, von allen vier Personen? Keineswegs. Die Mutter verschenkte ihren Anteil an den Gatten und die beiden Söhne, obwohl sie selbst den Pudding nicht weniger gern aß als die Männer.

Könnte doch der Loyale begreifen, daß er ebenso wichtig ist wie alle anderen! Denkt er das wirklich nicht? Doch, aber nur im Prinzip. Fühlt er es denn nicht? Nein! Jedenfalls so lange nicht, bis er sich seiner selbst bewußt geworden ist. Und da liegt sein Hauptproblem!

Er kennt sich zu wenig. Er hat zu wenig Beziehung zu seiner Individualität und Originalität. Er ist sich *selbst* fern. Deshalb neigt er zur Ängstlichkeit und zu Selbstzweifeln, Mißtrauen und Skepsis, nicht nur sich selbst, sondern auch anderen gegenüber. Ein Beispiel:

> *In einem Restaurant streiten sich zwei Rechtsanwälte. Weil sie sich nicht einigen können, fragen sie den Kellner, ob ein Strafgesetzbuch im Hause sei.(Sie sehen, das entstandene Problem betrifft nur die beiden. Doch was geschieht?)*
> *Besorgt erscheint daraufhin der Besitzer des Lokals mit einer edlen Flasche Champagner und sagt: „Meine Herren, selbstverständlich nehme ich den Sekt zurück!"*

Wovor hat der Loyale Angst? Davor, er selbst zu sein! Warum? Ich sagte es schon: Weil er sich zu wenig kennt. Und warum kennt er sich zu wenig? Weil er nicht genügend nach sich fragt. Warum interessiert er sich für sich selbst so wenig? Weil ihn die anderen mehr interessieren. Deshalb sieht es manchmal so aus, als bräuchte er *sie* mehr als sich selbst. Darin liegt auch der Grund, warum er unter einer der schlimmsten Geißeln der Menschheit besonders leidet: unter der Abhängigkeit von der Meinung und dem Urteil anderer.

Sie werden verstehen, daß er auch nicht gerade ein Held rascher Entscheidungen ist. Ist das, was *ich* denke, richtig? fragt er sich. Ist das, wozu *ich* mich entscheide, das, was die anderen gutheißen? Wie oft stellt sich ein Loyaler, der sich nicht ausreichend kennt, diese Fragen! Die Folge: Er geht nicht seinen eigenen Weg, sondern folgt den Fährten der anderen in „Länder", die gar nicht seine eigenen sind.

Sie werden auch verstehen, warum er sich, wenn andere ihn auf „Fehler" aufmerksam machen, leicht angegriffen fühlt: Weil er sich seiner selbst nicht sicher ist. Und weil das so ist, neigt er dazu, sich abzusichern oder auszuweichen. Jedes Mal jedoch, wenn ein Mensch sich so verhält, wartet die Freiheit auf ihn vergebens. Deshalb scheint mir in dem folgenden Beispiel der „Rat" einer liebenden Mutter so weise nicht:

> *Am Vorabend der Hochzeit nimmt die Mutter ihre Tochter behutsam beiseite, legt sanft ihre Hand auf die ihrer Tochter und sagt leise: „Und merke dir, mein Kind: Streite nicht mit deinem Mann – weine!"*

Wer zur Ängstlichkeit neigt, hat viel Streß. Solange „die anderen" dem Loyalen zugewandt bleiben, hält er ihn gut aus. Wehe aber, wenn sie ihn enttäuschen! Wenn er sich ihrer nicht mehr sicher ist! Wenn sie ihn „im Stich“ lassen! Dann klagt er. Dann beschwert er sich. Dann wird er rebellisch. Dann schießt er aus der Hüfte! Das gilt besonders für tatsächliche oder selbsternannte Autoritäten, also z. B. für „Familienoberhäupter“, große Schwestern und Brüder, Chefs, Vereinsvorsitzende, Lehrer etc. Dann ist es vorbei mit der Loyalität!

Halt! Gerät nicht auch dieser Abschnitt zu „negativ“? Mitnichten. Wir anderen „Typen“ lieben doch den Loyalen und möchten nicht auf ihn verzichten. Nur weil wir ihn brauchen? Nein. Weil er – davon war doch die Rede! – so liebenswert ist. Und weil er das ist, sollten wir ihn dazu ermuntern, sich selbst nicht zu vergessen.

Was hilft weiter?

Der für den Loyalen wichtigste Wert heißt *Mut.* Mut wozu? Mut zu sich *selbst.* Wie findet man ihn? Ich nenne die wichtigsten Punkte in aller Kürze, um deren Bedeutung hervorzuheben. Mut findet der Loyale dadurch,

- daß er nicht zu häufig „man" sagt, sondern „ich",
- daß er mehr als bisher nach seinen verborgenen Wünschen und Ansprüchen fragt, nach seinen Talenten, Begabungen und Chancen,
- daß er sich mehr als bisher für seine Originalität interessiert und die Aufgaben, die ihm *persönlich* entsprechen,
- daß er seine innere Welt kennenlernt.

Sollte der Loyale diese Anregungen aufnehmen und daraus Konsequenzen ziehen, würde er sich wundern, wieviel reicher er ist, als er denkt.

Drei goldene Worte:

Ein Schiff, das im Hafen liegt, ist sicher. Aber dafür werden Schiffe nicht gebaut. **(ein englisches Sprichwort)**

Dem wird befohlen, der sich nicht selber gehorchen kann. **(Friedrich Nietzsche)**

Wer sich selbst treu bleiben will, kann nicht immer anderen treu bleiben. **(Christian Morgenstern)**

Der Loyale

Der *Glückssucher* ist ein heiterer Mensch. Nichts ist ihm wichtiger als die Suche nach Lust und Freude und Glück.

Der Glückssucher ist der Typus, der am meisten lacht und andere zum Lachen bringt. Auch viele Witze nehmen ihn aufs Korn. Wollen Sie gleich eine Kostprobe? Beide handelnde Personen gehören diesem Typus an:

> *Der Sohn steht mit Mantel und Koffer in der Haustür und brüllt den Vater an: „Ich suche Abenteuer, Aufregungen und schöne Frauen – und versuch ja nicht, mich an meinem Weg zu hindern."*
> *Schluchzend breitet der Vater die Arme aus und läuft dem Sohn entgegen: „Wer versucht dich denn zu hindern? Nimm mich doch mit!"*

Ich gebe zu, daß dieser Witz nicht familienfreundlich ist, gleichwohl führt er uns eine zentrale Seite des Glückssuchers vor Augen: Spannend und vergnüglich muß Leben sein, und verändern soll es sich. Aber der Reihe nach:

Er ist ein optimistischer, lebensbejahender, allem und allen gegenüber aufgeschlossener und daher Freude ausstrahlender Mensch. Das Leben ist für ihn eine einzige Fundgrube des Glücks. Diese „Philosophie" ist tief in ihm verankert: Wer die Augen aufmacht, findet, was er braucht, um seinen Tagen Glanz zu geben. (Fast) jeder Augenblick ist eine Gunst. Der Glückssucher ist ein Perlenfischer.

Würden Sie nicht auch die Dame, mit der ich Sie rasch bekannt machen möchte, am liebsten umarmen?

Eine ältere Frau, die in Irland Urlaub gemacht hat, landet in Hamburg auf dem Flughafen, wo sie von ihrer Freundin empfangen wird. Besorgt sagt diese bei der Begrüßung: „Geht es dir gut? Ich hab' gehört, daß Ihr noch mehr Regen gehabt habt als wir."
Darauf entgegnet die „Irländerin" mit dem Anflug eines Lächelns: „Wieso? Der Regenwechsel hat mir gutgetan."

Lebendigkeit und Spontaneität gehören zu den besonderen Merkmalen des Glückssuchers. Erlauben Sie mir, ein Beispiel aus meiner Marburger Studentenzeit Anfang der 60er Jahre zu erzählen. Auf diese Weise geben Sie mir Gelegenheit, einem Polizisten (fraglos ein Glückssucher) ein bescheidenes Denkmal zu setzen.

Er regelte unterhalb der Universitätskirche auf einem ampellosen Platz den dichten Verkehr. Ich blieb so manches Mal stehen, um ihm bei seiner Arbeit zuzuschauen. Während er weit ausholend mit den Armen ruderte, blieb sein Gesicht stets freundlich. Oft lachte er in die vorbeifahrenden Autos hinein. Bemerkte er z. B. einen fahrunsicheren älteren Herrn, verhielt er sich gänzlich unkonventionell. Er stoppte den Verkehr so lange, bis der Mann, dankbar lächelnd, entstreßt weiterfahren konnte. Es kam auch vor, daß er Autos halten ließ, nur um rasch einer Dame, ob jung oder alt, charmant die Hand zu schütteln.

Ob sich jemand über diesen Hüter der Ordnung (und des Glücks) und seine ungewöhnlichen Verhaltensweisen ärgerte? Ich kann von niemandem berichten, vielleicht aber nur deshalb nicht, weil ich nur ihn sah und mich von ihm beglücken ließ.

Selbstverständlich ist es eine Lust, mit dem Glückssucher zusammen zu arbeiten. Denn er ist auch praktisch und produktiv, vielseitig, teamfähig und einfallsreich. Hier ein Beleg:

Bei der Musterung wird ein junger Mann nach seinem Beruf gefragt. Er erfinde Gags für den Film, antwortet er wahrheitsgemäß.
Der Bundeswehr-Mann: „Zeigen Sie uns doch mal ein Beispiel?"
„Zu gern", sagt der künftige Rekrut. Er öffnet die Tür zum Wartezimmer, in dem viele weitere Jungs warten und ruft: „Ihr könnt alle nach Hause gehen – den Job hat man mir gegeben."

Sie haben Sorge, daß ich einseitig werde und diesen Typus besonders herausstelle? Ach, freuen wir uns doch miteinander über Menschen, die uns durch ihr Sein und Verhalten herausfordern, in dieser manchmal trüben Zeit das Gute, Wichtige und Schöne zu suchen. Deshalb freue ich mich auch jedesmal, wenn mir in meiner Arbeit Klienten dieser Struktur begegnen.

Sie meinen, solche Menschen bräuchten keinen Therapeuten? Doch. Auch sie brauchen manchmal Hilfe. Denn die Widersprüchlichkeit des Lebens zieht sich durch jedes menschliche Herz und macht auch vor diesem Typus nicht halt.

Was kann denn bei ihm problematisch sein? Weil Spaß und Vergnügen für ihn so wichtig sind, hat er die Neigung, vor Unangenehmem auszuweichen, sich weniger attraktiven Realitäten zu entziehen und in ungezügelter Phantasie eine Scheinwelt zu entwickeln. Mir fällt eine Frau ein, die innerhalb von drei Tagen eine enorm hohe Summe an eine Bank zu zahlen hatte, zum Zeitpunkt unseres Gesprächs jedoch noch nicht wußte, wie das Geld zu beschaffen sei. Auf meine Frage, ob sich nicht eine gewisse Unruhe ihrer bemächtige, lachte sie und sagte: „Das Geld ist doch erst in drei Tagen fällig." Sie sehen das Problem.

Nein, Sorgen, Probleme oder Schmerzen sind keine favorisierten Themen des Glückssuchers. Deshalb setzt er alles daran, sie zu vermeiden. Schmerzen aber, vor allem die inneren, können Wegweiser zu den Quellen sein, die unser Lebenswasser trüben. Daher kann es Sorgen und Probleme bereiten, wenn man sie nicht beachtet. Ein Beispiel für Schmerzvermeidung, das folgenlos blieb:

In einem Seminar hatte ich den Teilnehmern eine Stichwortliste mit den Eigenschaften des Glückssuchers vor-

gelegt. Darunter befand sich – fett gedruckt – das Wort: „Schmerzen vermeidend". Ich hatte eine Frau dieses Typus gebeten, aus ihrer eigenen Erfahrung einige Worte zu den einzelnen Aspekten zu sagen. Das machte sie gern. Doch wie verblüffte sie die anderen Teilnehmer, als sie ausgerechnet das Wort „Schmerzen vermeidend" überging.
Hatte sie das bewußt gemacht? Keineswegs. Sie fiel aus allen Wolken, als wir sie auf ihre Auslassung ansprachen.

Sein Temperament verführt den Glückssucher manchmal dazu, oberflächlich, unverbindlich und frei von jeder Disziplin zu *handeln,* was ihn selbst und andere ins Chaos stürzen kann. Bei seiner Suche nach immer neuen Abwechslungen und Reizen neigt er dazu, Wichtiges zu übersehen, sogar sein Grundproblem. Als mich einmal ein Glückssucher danach fragte und ich ihm wahrheitsgemäß das Wort „Maßlosigkeit" hinhielt, lachte er und sagte: „Ich und maßlos?" Als wir uns wiedersahen, berichtete er mir, er habe seiner Frau von meiner „seltsamen Diagnose" erzählt. Sie habe geantwortet: „Wieso, das wußtest du nicht?"

Ist, wie oft behauptet wird, der Glückssucher tatsächlich oberflächlich? Wer das sagt, kennt nicht seine innere Wirklichkeit. Gerade seine oft hektische Jagd nach Glück, Lust und Freuden weist darauf hin, daß er die Tiefe sucht. Welche Tiefe? Den inneren

Halt, die Mitte, den Kern. Und der fehlt in der Tat so manchem Glückssucher. Er würde ihn jedoch nicht suchen, hätte er nicht eine tiefe Ahnung von seinem Vorhandensein.

Was hilft weiter?

Der Wert, der für die weitere Persönlichkeitsbildung besonders wichtig ist, heißt – der Glückssucher erschrecke nicht! – *Nüchternheit.* Keine Sorge: Mit diesem Wort meine ich nichts Spießiges, Konventionelles oder gar Langweiliges.

Wer nüchtern ist, ist wach und aufmerksam. Er macht sich nichts vor.

Wer nüchtern ist, hat die Fähigkeit, Sachliches und Emotionales nicht ständig zu vermischen. Diese Fähigkeit aber braucht der Glückssucher dringend. Denn er neigt zu Übertreibungen und Dramatisierungen und läßt sich allzu leicht von seinen noch nicht geordneten Gefühlen hinreißen.

Wer nüchtern ist, verschafft sich Klarheit. Klarheit aber ist die Bedingung der Möglichkeit, unnötige Schmerzen zu vermeiden. Er sieht die Dinge aus größerer Distanz und also so, wie sie in Wirklichkeit sind.

Nüchternheit ist jener Wert, der dem Glückssucher die Möglichkeit gibt, mehr noch als bisher sein Glück zu optimieren. Ob das für ihn kein Anreiz ist?

Drei goldene Worte:

***So schönes Wetter, und ich noch dabei!* (Ein Wort des alten Wilhelm Raabe)**

***Wenn du es eilig hast, setze dich.* (ein chinesisches Sprichwort)**

***Nur in ruhigem Wasser spiegelt sich das Licht der Sonne.* (ein chinesisches Sprichwort)**

Der Glückssucher

Der *Boß* will führen, denn er ist stark, verantwortungsbewußt und entschieden.

kirsten

Jetzt kommt der Boß! Stellen Sie sich aufrecht hin! Lassen Sie sich nicht hängen. Weichen Sie seinem Blick nicht aus! Sprechen Sie nicht zu leise. Reden Sie klar und eindeutig. Reden Sie nicht um den heißen Brei herum. Sagen Sie ihm, was Sie denken – und Sie werden großen Gewinn von ihm haben, wenn Sie ihm begegnen. Ich danke an dieser Stelle allen Bossen, die ich in meiner therapeutischen Arbeit kennengelernt habe und die mich dazu herausforderten, jene unselige Eigenschaft des Reformers, nach innen zu schimpfen und nach außen konziliant zu sein, zu verringern. Ihr Bosse, ich freue mich schon auf unseren nächsten Kampf.

Der Boß ist stark. Er ist tief in seiner eigenen Kraft verwurzelt. Doch weil er kraftvoll ist, findet er sich nur schwer damit ab, daß „die Welt" so unvollkommen ist. In seiner Protesthaltung gegen die Unvollkommenheit ist er dem Reformer ähnlich. Doch anders als dieser reicht es ihm nicht, die unvollkommene Welt zu reformieren – er möchte sie am liebsten revolutionieren. Daher ist es nicht verwunderlich, daß viele große Revolutionäre diesem Typus angehören.

Der Boß will seine Kraft spüren – in der Auseinandersetzung mit sich selbst, mehr noch in der mit anderen. Also braucht er Herausforderungen. Deshalb genießt er es besonders, wenn sie ihm von seinesgleichen angeboten werden. Ein Beispiel:

Der Chef zu seinem neuen Assistenten: „Ich bin kein Freund langer Worte. Sie sehen mich durch die Glasscheibe. Wenn ich die Hand hebe, sind Sie auf der Stelle bei mir.“
„O. k., Chef“, lautet die Antwort, „schüttle ich mit dem Kopf, komme ich nicht.“

Der Boß ist selbstbewußt. Wer selbstbewußt ist, liebt Entschiedenheit, bei sich und anderen. Deshalb sagt er, was er denkt, auch wenn seine Sicht der Dinge Konflikte auslöst. Konflikte aber sind für ihn keineswegs so ärgerlich, peinlich, angstmachend oder „nervend“ wie für Menschen anderer Strukturen. Im Gegenteil! Sie bringen ihm Klarheit, und deshalb gibt er erst Ruhe, wenn er sie hat.

Geradezu unangenehm kann er werden, wenn jemand Konflikten aus dem Wege geht, nicht nur, weil keine Klärung erfolgt, auch deshalb, weil er unbedingt wissen will, wo Freund und Feind stehen.

Der Boß ist eine Führungspersönlichkeit. Das ist seine Natur. Das gehört zu ihm. Wer dächte an dieser Stelle nicht an Gerhard Schröder, der als junger Mann mächtig an den Gittern des Bundeskanzleramtes rüttelte und laut ausrief: „Ich will hier rein.“

Der Boß ist ein Machtmensch. Er erwartet oder verlangt von seiner Umgebung, daß die Dinge nach seinen Wünschen laufen. Und wenn er führt, dann „richtig“. Dann will er alles wissen. Dann will er alles unter seiner Kontrolle haben.

Manchmal allerdings wird er in eine Führungsrolle gedrängt, und das nicht immer zu seiner Freude. So weiß ich von starken Frauen, daß auch sie bisweilen den Kopf an die Schulter des Partners legen möchten. Doch fällt es ihnen schwer, diesen Wunsch zu äußern. Denn Bedürfnisse, Weichheiten oder gar Schmerz zu zeigen ist die Sache der Bosse nicht.

Der Boß ist nicht nur führungsfähig, er übernimmt selbstverständlich auch Verantwortung. Und wenn er sie hat, nimmt er sie ernst. Er haßt langatmige Diskussionen. Er will auf den Punkt kommen. Er theoretisiert nicht lange, sondern tut alles, um Worten Taten folgen zu lassen.

Bemerkenswert ist sein sensibles Gespür für Unwahrhaftigkeiten und Ungerechtigkeiten. Erkennt er sie, zögert er nicht lange, erhebt vernehmlich seine Stimme und dringt mit Macht darauf, daß sie aus der Welt geschafft werden.

Allergisch reagiert er auf selbsternannte Autoritäten, weil alles Künstliche und Unechte ihm zuwider ist. Und dann ist Vorsicht geboten. Dann holt er – nicht frei von Lust – seine scharf geschliffenen Waffen des Wortes hervor und demaskiert die „Versager“ schonungslos. Dann kennt er kein Pardon! Dann kann er sehr verletzend sein. Dann schießt er manches Mal über das Ziel hinaus. Dann geißelt er zwar Unrecht und Unechtes, gebärdet sich selbst aber hart und unbarmherzig. Dann bricht seine Neigung zur Herrschsucht durch.

Nicht immer. Zwar ist ihm seine Neigung nicht fremd, auch eigene Versäumnisse oder Ungerechtigkeiten zu leugnen, doch kann er auch mutig zu ihnen stehen. Ein Beispiel:

In einem Seminar verhielt sich ein junger Boß einer Frau gegenüber nicht nur ungerecht, sondern auch verletzend. In der Pause bat ich ihn zu mir, schaute ihm streng in die Augen und hielt ihm sein peinliches Verhalten vor. Einen Augenblick schwieg er. Dann sah ich zu meiner Verblüffung in seinen Augen ein paar gar nicht kleine Tränen. Noch immer sagte er nichts. Schließlich nickte er kaum merklich und sagte nur: „Sie haben recht. Mein Verhalten war unmöglich." Ich hätte ihn umarmen können, tat es jedoch nicht, weil er sich sonst gedemütigt gefühlt hätte.

Ganz anders als Ungerechten, Unwahrhaftigen und selbsternannten Autoritäten kann er sich Untergebenen gegenüber verhalten: selbstbeherrscht, großmütig und gütig. Begegnet er Menschen, die schwach sind und daran nichts ändern können, kann er fürsorglich und geradezu milde sein. Wiederum andere baut er durch seine überzeugend gelebte Autorität auf und vermittelt ihnen ein Gefühl der Stärke.

Diese Verhaltensweisen sind nicht verwunderlich, denn in ihm, dem Stolzen, lebt ein „inneres Kind", das weich, zärtlich und liebevoll ist – und eine tiefe Sehnsucht nach einer guten Welt hat.

Nun haben wir lange genug über ihn gesprochen. Er will, wie Sie wissen, Taten sehen. Also:

Was hilft weiter?

Der Wert, der den Boß in seiner Persönlichkeitsbildung weiterbringen kann, heißt *Güte*. Güte ist das Merkmal eines in der Tat starken Menschen. Güte ist mehr als Entgegenkommen, Freundlichkeit oder Wohlwollen.

Der gütige Mensch gibt dem anderen das alles auch, vor allem aber läßt er ihn in seiner Nähe *sein*. Er beurteilt ihn nicht. Er rechnet nicht mit ihm ab. Er hält ihm nichts vor. Der Grund?

Er kennt sich selbst. Er hat sich selbst erfahren. Er weiß, daß Menschen sich zwar unterschiedlich verhalten können, jedoch alle miteinander der Ambivalenz des Lebens unterworfen sind. Er weiß, daß Unvollkommenes zum Menschsein gehört, auch die Möglichkeit zum Scheitern. Ihm ist bewußt, daß jeder auf die Güte anderer angewiesen ist.

Der gütige Mensch hat Humor, weil er Wichtiges und nicht so Wichtiges unterscheiden kann. Er sucht nicht zuerst die Mängel des anderen, sondern seine Qualitäten.

Drei goldene Worte:

Man sollte dem anderen die Wahrheit wie einen Mantel hinhalten, daß er hineinschlüpfen kann, und sie ihm nicht wie einen nassen Lappen um die Ohren hauen. **(Max Frisch)**

Was ist dir das Menschlichste? Jemandem Scham ersparen. **(Friedrich Nietzsche)**

Es ist, was es ist, sagt die Liebe. **(Erich Fried)**

Der *Ursprüngliche,* „der Stille im Lande", begibt sich gern in seine innere Welt, denn in ihr ist er zu Hause.

Wir kommen zu dem „Stillen im Lande“. Sie können sich auf die Begegnung mit ihm freuen. Er wird Ihnen freundlich, warmherzig und gelassen begegnen. Sie werden bald Vertrauen zu ihm haben. Sie werden erleben, daß er Sie sein läßt, wie Sie sind.

Zu seinen Stärken gehört seine Einfühlungsgabe. Er versteht viele und vieles. Er akzeptiert die unterschiedlichsten Standpunkte. Damit hat er schon vielen Menschen geholfen, wenn er vermittelnd an schwierigen Gesprächen teilnahm. Sie werden auch darüber staunen, daß dieser zurückhaltende Mensch Verhaltensweisen anderer, die für ihn selbst kein Thema wären, nicht harsch verurteilt. Er versucht gerecht zu sein und nachzuvollziehen, warum dieser oder jener sich so verhält, wie er sich verhält.

Er bleibt zwar ruhig, wird aber klar und deutlich, wenn Ungerechtigkeiten geschehen, gegen die sich niemand wehrt. Dann nimmt *er* Stellung. Dann gibt er seine Zurückhaltung auf. Dann formuliert er schnörkellos. Dann sagt er, was er denkt.

Es wird Ihnen auffallen, daß er nicht viel spricht, obwohl er viel zu sagen hat. Er nimmt sich selbst nicht so wichtig. Wahrscheinlich ist das auch der Grund, warum er gern gesehen wird. Er ist eben wenig ichbezogen. So kann er z. B. einen ganzen Abend lang einem Gespräch folgen, ohne sich mit Worten daran zu beteiligen. Sollte jemand wegen seines Schweigens um ihn besorgt sein, wird er lächeln und ohne zu heucheln sagen, es gehe ihm gut.

Warum ist er so, wie er ist? Gewiß, so ist er aufgrund seines Typus. Was aber ist das Besondere daran? Seine Beziehung zur inneren Welt. Davon war schon im Zusammenhang mit dem Romantiker die Rede. Während dieser jedoch in seiner inneren Welt sich selbst und seine Heimat sucht, ist der Ursprüngliche in ihr zu Hause. Er lebt in ihr. Er ruht in ihr. Ihr gilt seine Aufmerksamkeit und sein Interesse – mehr als der Außenwelt.

Wir wollen ihn jedoch nicht zum Engel machen. Denn auch er nimmt teil an der Widersprüchlichkeit des Lebens. So bestechend seine Gabe ist, sich selbst nicht zu wichtig zu nehmen – die damit verbundene Gefährdung liegt auf der Hand, denn er neigt dazu, sich zu *wenig* wichtig zu nehmen.

Bei dem folgenden Beispiel geht es zwar um einen Witz, doch spiegelt er auf urkomische Art einen wichtigen Aspekt der Gefährdung des Ursprünglichen wider:

Ein Vater, still und in sich gekehrt, sitzt mit seinen vier Kindern in einem Eisenbahnabteil. Ihm gegenüber hat ein alter Herr Platz genommen. Die Kinder toben, schreien, werfen mit Gegenständen, treten dem Mann ans Schienbein. Der Vater läßt die Bande gewähren.

Irgendwann wird der alte Herr böse und sagt zum Vater: „Wenn Sie die Kinder nicht endlich zur Ordnung rufen, werde ich unangenehm."

Der Vater wischt sich den Schweiß von der Stirn und sagt müde: „Verzeihen Sie, ich habe genug Unannehmlichkeiten: Wir sind auf dem Weg zu einem Begräbnis. Der Älteste hat die Fahrkarten aus dem Fenster geworfen. Die Jüngsten haben die Hose voll. Wir wollten nach Mainz und sitzen im Zug nach Ulm ...“

Wir könnten dieses Verhalten als Vaterliebe, wir könnten es auch als konfliktscheu interpretieren. Mir scheint, daß die letztere Annahme eher zutrifft. Jedenfalls ist dieses Phänomen beim Ursprünglichen häufig zu beobachten. Er hat die Neigung, passiv hinzunehmen, was andere als Herausforderung sähen. Ihm aber sind Konflikte schlicht lästig. Er will sie nicht. Er kehrt ihnen den Rücken zu, er kehrt lieber in seine innere Welt zurück. Auf diese Weise aber läßt er nicht nur sich selbst, sondern manchmal auch andere im Stich.

Die Folge? Er lernt seine wahren Kräfte nicht kennen. Er „trainiert“ sie zu wenig. Deshalb fühlt er sich der „Welt“ nicht gewachsen, was verständlicherweise Minderwertigkeitsgefühle auslöst, die wiederum seine Antriebskräfte lähmen. Für den Außenstehenden kann dann die Art, wie er von sich spricht, geradezu aufreizend sein.

Er provoziert auch manchmal die Aggressionen derer, die sich in Konflikten von ihm allein gelassen fühlen. Ist es in einem solchen Fall verwunderlich, wenn er – denken Sie z. B. an Partnerschaften – die

Achtung des sich in Alltagsdingen aufreibenden Partners verliert und die Achtung vor sich selbst dazu? Ein Beispiel der heiteren Art:

> *„Was machst du denn mitten in der Nacht hier im Park?" fragt besorgt der Freund den anderen, der mit hängenden Schultern langsam seines Weges geht.*
> *Seine resignierende Antwort:*
> *„Ich kann nicht nach Hause. Meine Frau hat Besuch von ihrem Jugendfreund, und der redet so laut, daß ich es nicht mehr ausgehalten habe."*

Manchmal kommt man um den Eindruck nicht herum, als nehme der Ursprüngliche die Welt nicht ganz ernst, als zeige sich auf seinem sonst so bescheiden wirkenden Gesicht ein Lächeln, unter dem Hochmut verborgen sein könnte – Hochmut gegenüber dem alltäglichen Leben mit seinen Lächerlichkeiten und Mühen, aber auch mit seinen Freuden und Errungenschaften. Dann scheint er über den Dingen zu stehen und löst bei anderen das Gefühl aus, er sei ihnen überlegen.

Möglich ist aber auch, daß sein Hochmut ihn dazu verleitet, den Sinn des eigenen und des Lebens überhaupt in Frage zu stellen. So sagte mir in einem Seminar ein Ursprünglicher mit lächelndem Gesicht, er könne gut und gerne heute sterben, denn das Leben sei ihm völlig gleichgültig. Als ich jedoch am zweiten Tag meinen Mut zusammennahm und ihn fragte, ob vielleicht sein Hochmut ihn verleite, so von sich und dem Leben zu denken, wurde er nicht nur nachdenklich – sein Lebensgefühl veränderte sich von Stund an. (Als ich ihn nach Jahren zufällig wiedertraf, erfreute er sich noch immer seines Daseins.)

Seine Neigung, sich in sich selbst zurückzuziehen und Konflikten auszuweichen, behindert auch seine Entscheidungsfreudigkeit. Wer Zeuge solcher Entscheidungsfindungsprozesse wird, wird sich – je nach Temperament – entweder köstlich amüsieren oder lieber das Weite suchen, weil er seine Fassung verlieren könnte.

Wie sieht ein solcher „Prozeß“ aus? Ein wenig karikiert dargestellt, so: Der Ursprüngliche wägt ab. Er betrachtet, was zur Entscheidung ansteht, von links und von rechts, von oben und von unten. Dann legt er ein Päuschen ein. Schließlich entscheidet er, nimmt, was er entschieden hat, wieder zurück etc. – und verliert so viel kostbare Lebenszeit.

Woher kommt dieses Verhalten? Von seiner Antriebsarmut, die zweifellos zu seinem Typus gehört. Schicksal ist das jedoch nicht, denn die Antriebsarmut ist darin begründet, daß er das Leben nicht ernst genug nimmt und manchmal sogar darauf herabsieht.

Was hilft weiter?

Auch dieser Typus ist mit Fähigkeiten *und* Schwächen ausgestattet. Wie sollte es anders sein? Denn ein Mensch zu sein heißt, der Polarität des Lebens ausgeliefert zu sein. *Aber nicht nur*: Denn *jeder* hat auch die Fähigkeit, sich allem und jedem und sich selbst gegenüber *frei* verhalten zu können, ein Stück weit jedenfalls. Deshalb wundere ich mich manchmal darüber, daß so viele Zeitgenossen nach nichts mehr rufen als nach Freiheit, sich selbst jedoch um Freiheit wenig bemühen.

Und wie können wir freier werden? Dadurch,

- daß wir herausfinden, welcher *gelebte Wert* uns am meisten weiterbringt,
- daß wir uns in diesen Wert eindenken, einfühlen und einträumen,
- daß wir ihn zur Hauptsache unseres Lebens machen – und ihn leben!

Welcher Wert ist für den Ursprünglichen der wichtigste? Die *Leidenschaft* für Leben, denn sie mobilisiert die Antriebskräfte. Wer Leidenschaft für Leben entwickelt, entwickelt zugleich Be*geist*erung. Begeisterung hat bekanntlich mit Geist zu tun. Geist aber ist alles andere als ein philosophisches Beschäftigungsobjekt weltabgewandter Philosophen. Geist ist vielmehr höchst lebendig! Er bringt nicht nur Erkenntnis, er ist auch *der* Motor unserer Gestaltungskraft.

Der geistige Mensch ist weltoffen. Er geht nicht müde und passiv am Leben vorbei. Er sieht, was „dran“ ist und verändert, was zu ändern ist. Er übernimmt Verantwortung, nicht mürrisch oder gequält, sondern lustvoll, nicht immer, aber immer öfter. Er begreift, daß Leben endlich und es stets „höchste Zeit“ ist, es so sinnvoll wie möglich zu füllen.

Ob ich meinen Idealismus etwas zügeln sollte? Ob nicht meine Reformer-Struktur mit mir „durchgeht“? Ein bißchen vielleicht. Doch die Leidenschaft und Begeisterung für Leben ist *keinem* Typus vorenthalten, auch dem Ursprünglichen nicht. Worauf also kommt es an – für den Ursprünglichen und den Menschen überhaupt?

Darauf, daß wir begreifen: Leben heißt Antwort geben auf seine wechselnden Situationen: auf die beglückenden und die weniger beglückenden, auf die schwierigen und die weniger schwierigen, auf die strahlenden und auf die trüben, auf das *ganze* Leben, an dem teilzunehmen wir die Gunst haben.

Sie schütteln den Kopf? Bereichern Sie dadurch Ihre Tage?

Sie stimmen mir zu? Dann seien Sie mein Bundesgenosse und wandern mit mir zu den unterschiedlichen Feuern des Lebens. Das eine wird uns manchmal zu heiß sein, manchmal auch verletzen, die anderen werden uns wärmen und unseren Weg erhellen. Wie gut wäre es, wenn wir dann am Ende unserer Reise durchs Leben mit Rilke – und der kannte ausreichend viele dunkle Stunden – sagen würden: „Vergessen Sie nie – das Leben ist eine Herrlichkeit!“

Drei goldene Worte:

Leben heißt etwas Aufgegebenes erfüllen; und in dem Maße, wie wir vermeiden, unser Leben an etwas zu setzen, entleeren wir es. **(José Ortega y Gasset)**

Besser als tausend Stoßseufzer ist eine Tat. **(eine chassidische Weisheit)**

Was hilft aller Sonnenaufgang, wenn wir nicht aufstehen? **(Georg Christoph Lichtenberg)**

Im nun folgenden Abschnitt möchte ich Ihnen anhand konkreter Situationen veranschaulichen, wie die Menschen mit ihren spezifischen Persönlichkeitsmustern auf ein kleines Malheur reagieren. Ich hoffe, daß auf diese Weise die Bilder der unterschiedlichen „Typen“ noch ein wenig komplettiert werden.

Die Sache mit der Asche

Stellen Sie sich neun Gastgeber vor. Jeder von ihnen hat einen anderen Typus. Einer der Gäste läßt versehentlich Zigarettenasche auf eine blütenweiße Tischdecke fallen. Wie werden sich die Gastgeber verhalten? Um den jeweiligen Typus deutlich herauszuheben, wird die Beispielsituation jeweils etwas überspitzt beschrieben.

Um beide, Männer und Frauen, handeln zu sehen, schlage ich in der Darstellung einen Wechsel der Geschlechter vor. Allerdings ist mit diesem Wechsel nichts für Frauen oder Männer Spezifisches gemeint.

Der *Reformer* geht vor dem Eintreffen der Gäste unruhig vor dem Haus auf und ab, weil er verhindern möchte, daß jemand sein Auto auf dem Rasen parkt. Mit etwas floskelhaft wirkenden Worten begrüßt er die Gäste und hofft inständig, daß der Abend sie hinreichend erfreuen möge.

Nach einem gut inszenierten Beginn des Abends geschieht es:

Der Gastgeber sieht wie gebannt die Asche fallen. Mühsam unterdrückt er einen Fluch. Doch auf die Frage des Sünders, ob „das schlimm" sei, antwortet der Reformer vorschnell: „Aber nicht doch" – und ringt sich ein gequältes Lächeln ab. Im stillen aber denkt er: „Das ist nicht nur schlimm, es spiegelt auch den Geist dieser Zeit wider. Die Menschen können ohne Suchtmittel aber auch gar nichts mehr tun."

Da die Asche auf der Stelle zu verschwinden hat, versucht er – wider besseres Wissen –, sie mit der Hand zu beseitigen. Die Folge: Er vergrößert und verdichtet den Fleck. Was nun ?

Weil seine Frau (Beobachterin) ihn kühl von der Seite ansieht und sachlich darüber informiert, der Fleck lasse sich bei der nächsten Wäsche durch eine ACL-Lösung beseitigen, setzt er sich brav wieder hin. Er nimmt Haltung an. Doch sein Blick nähert sich immer wieder dem Ort des ärgerlichen Geschehens. Vergnügt mit den Augen funkelnd, legt ihm ein Glückssucher die Hand auf den Arm und flüstert ihm zu: „Locker bleiben …" Der gutgemeinte Rat bewirkt leider das Gegenteil.

Die nachfolgende Konversation erreicht nicht mehr das Format von Teil 1 des Abends. Verärgert denkt der Gastgeber: „Verdammt, wann gehen die endlich?" – und schenkt dabei – scheinbar fröhlich summend – neuen Wein ein.

Sie sind gegangen. Erschöpft läßt er sich in den Sessel fallen und schaut grübelnd auf die besagte Stelle. „Und?" fragt seine Frau. Seine Antwort: „Was wäre wohl aus dem Abend geworden, wenn dieser Kerl nicht seine dämliche Asche hätte fallen lassen?"

Einstellungs-, Bewertungs-
Ansichts-Sache

Die Gastgeberin läßt es sich nicht nehmen, trotz hervorragender Busverbindungen einige Gäste mit dem Auto selbst abzuholen. Zwei Besucher haben dabei ein seltsames Gefühl. Doch als sie die Festtafel sehen, läuft ihnen das Wasser im Munde zusammen, und sie sind entzückt. Wieviel Arbeit mag die Vorbereitung dieses Kunstwerkes gekostet haben!

Am späteren Abend geschieht es:

Die *Helferin* schaut zuerst auf den Aschesünder und prüft sein Befinden. Bevor er auch nur ein Wort der Entschuldigung über die Lippen bringen kann, wedelt sie über sein Jackett. Denn sie befürchtet, die Asche könnte das gute Stück touchiert haben.

Sie strahlt den Gast an und besorgt ihm noch einen zweiten Aschenbecher (was gänzlich unnötig ist). Dann stößt sie, um die scheinbar peinliche Situation zu retten, ein paar fröhliche Laute aus. Die anderen warten gespannt darauf, was aus dem Flecken werden soll. Die Helferin jedoch läßt die Asche liegen. Als einer der Gäste (Loyaler) sie beseitigen will, wehrt sie gespielt empört ab: „Aber du doch nicht!" Ein anderer (Boß) rollt ungeduldig die Augen. Eine Romantikerin beobachtet amüsiert die für sie lächerliche Szene.

Die Gastgeberin kommt nicht umhin, wenigstens manchmal auf die Asche zu schauen, sorgfältig darauf achtend, daß sich niemand untersteht, sie beseitigen zu wollen. Und als jemand sich tatsächlich ans Werk machen möchte, entgeht niemandem ihr kurz aufscheinender Zornblitz, der jedoch im Nu wieder unsichtbar wird.

Ein wenig zu überschwenglich umarmt sie bei der Verabschiedung die Gäste, besonders den Aschetäter. Dann nimmt sie eine ältere Dame beiseite und flüstert ihr ins Ohr, selbstverständlich komme sie morgen vorbei und rücke mit ihr das Schränkchen auf die Terrasse.

Der Gastgeber hat die Verhandlung mit dem stadtbekannten Herrn so lange hinausgezögert, bis die Gäste angekommen sind. Man staunt über seine Verbindungen. Scheinbar nebenbei läßt er die Bemerkung fallen, ihre Kinder spielten häufig miteinander.

Im Haus fehlt nichts. Ein Gast (Romantiker) vertraut jedoch einem anderen seinen Eindruck an, „das Ganze“ sehe ein wenig neureich aus. Eine Dame (Loyale), die zufällig die Bemerkung gehört hat, wendet ein: „Unterschätzen Sie nicht seinen Geschmack!“

Das Unheil ist da. Die Asche ist gefallen.

Und der Gastgeber? Er strahlt. Alle Welt, präziser: die anwesenden Gäste, erleben seine Souveränität und Weltgewandtheit. Für einen solchen Fall hat er nämlich in London einen kleinen Besen mit silbernem Aufnehmer gekauft, die er nun gekonnt zum Einsatz bringt. Als ihm eine Dame behilflich sein möchte, lächelt er sie charmant an und sagt: „Sie kennen mich doch.“ Etwas irritiert nickt sie und denkt: Was hat er nur gemeint?

Frei von Restgedanken an den Vorfall treibt der Gastgeber das Gespräch weiter. Ja, es scheint, als habe der neuerliche Erweis seiner Tüchtigkeit seine Stimmung nur noch beflügelt. Auch die Gäste fühlen sich wohl. Nur der Boß wirkt etwas verhalten. Da ist etwas, das ihm zu schaffen macht.

Er nimmt sich vor, „es“ bei der nächsten Gelegenheit herauszufinden.

Bei der Verabschiedung schiebt der Gastgeber seinen Unterarm kraftvoll unter den des Gastes, der ihm seinen souveränen Auftritt verschaffte und fragt jovial: „Soll ich Ihnen auch einen silbernen Tischbesen aus London mitbringen?" Der andere bejaht freudig, obwohl ihm nicht ganz klar ist, wozu diese Anschaffung gut sein soll.

Die Gastgeberin hat jedem Gast eine Wegbeschreibung in zartbunten Farben zukommen lassen. Vor Beginn des Besuches stimmt sie sich durch entspannende Musik ein. Als sie die Gäste an der Haustür empfängt, spüren diese gleich, daß der Abend ein besonderer werden wird.

Alle Besucher sind von der geschmackvollen Inneneinrichtung beeindruckt. Niemand wagt zunächst, es sich „gemütlich" zu machen (Das Wort paßt nicht so recht hierher). Die sensible *Romantikerin* nimmt die Schwingungen der Gäste auf und setzt sich, damit sie ihre Befangenheit überwinden, selbst entspannt in den Sessel.

Irgendwann fällt die Asche:

Die Gastgeberin stößt einen spitzen Ton aus. Sogleich schnellt ihre Hand vor den Mund. Trotzdem – ihre Enttäuschung kann sie kaum verbergen. Grazil stützt sie mit der linken Hand ihren leicht nach links geneigten Kopf. So kunstvoll hatte sie den Tisch, so kunstvoll die Kerzen im Raum arrangiert. Sie war auch gerade mit ihrer Nachbarin tief im Gespräch. Da kommt doch dieser ungehobelte Mensch und kleckst mitten auf den Tisch (der unselige Ort befand sich in Wirklichkeit eher am Rande).

Die Helferin sitzt sprungbereit da. Der Beobachter wartet mit Interesse auf den Fortgang des Geschehens. Der Glückssucher hat das Problem gar nicht bemerkt. Und die Romantikerin – was wird sie tun?

Es geht ihr auf: Das ist ihr Abend! *Sie* gestaltet

ihn. Deshalb liegt es an ihr, die Situation zu retten. Das ist sie sich schuldig. Ein wenig zu heiter klatscht sie in die Hände und ruft in die Runde: „Kinder, machen wir doch aus dem malheur ein bonheur!"

Bevor der „ungehobelte Kleckser" den geistreich klingenden Satz verstanden hat, ist die Gastgeberin, die Hüften elegant schwingend, entschwunden. Mit einem in Seide gehülltes, schmales Büchlein kommt sie zurück und beginnt zu rezitieren: „Der Klecks". Bevor sie das von ihr selbst verfaßte Gedicht vorzutragen beginnt, schaut sie noch einmal erwartungsvoll in die Runde.

Bei der Verabschiedung in später Nacht entgeht einem Besucher eine gewisse Melancholie nicht, als die Gastgeberin allein zurückbleibt.

Als der Gastgeber die Tür öffnet, wissen die Gäste bei der Begrüßung nicht so recht, ob sie willkommen sind oder nicht. Er steht da ein wenig förmlich, seine Ausstrahlung ist auch nicht gerade herzlich.

Die Atmosphäre verändert sich jedoch bald. Es bleibt niemandem verborgen, daß er den Abend sorgsam vorbereitet hat.

Das Unvermeidbare geschieht:

Der *Beobachter?* Er bleibt ganz ruhig. Scheinbar ungerührt sieht er auf die Asche und denkt darüber nach, was zu tun sei. Als eine Dame (Helferin) ihn zur Seite drängt, um die Asche entfernen zu dürfen, zuckt er leicht zurück. Kaum wahrnehmbar schüttelt er den Kopf.

Die einsetzende Aufregung versteht er nicht. Sie ist ihm eher peinlich. Ebenso peinlich ist ihm, daß der Verursacher ihn wortreich um Entschuldigung bittet. Sein Gesicht nimmt sphinxhafte Züge an. Als schließlich ein anderer Herr (Reformer) den Hergang genau zu untersuchen beginnt und sich als „letztlich schuldig" für die Veraschung der Decke bekennt, entfährt dem Beobachter eine seiner gefürchteten ironischen Bemerkungen: „Wie gut, daß wir alle ein feines Gefühl dafür haben, was wichtig ist und was nicht."

Da niemand auf die Bemerkung reagiert, versachlicht er das Gespräch: „Kennt einer von Ihnen die Bestandteile der Asche?" Da sich offenbar keiner der Gäste bislang über Asche und deren Konsistenz

Gedanken gemacht hat, schweigt die Runde weiter. Das hat zur Folge, daß der Stimmungspegel keine Höchstwerte erreicht.

Bei der Verabschiedung sagt einer der Gäste (ein Erfolgsmensch) zum Gastgeber: „War super, der Abend!" und erntet nur ein schmallippiges Lächeln. Doch er lächelt, als eine Romantikerin nur ein kurzes „Danke!" sagt.

Der *Loyale* empfängt die Gäste bereits an der Haustür. Jeder einzelne wird liebevoll umarmt. Eigentlich ist die Wohnung angesichts der vielen Gäste zu klein. Die Gastgeberin hat es aber nicht übers Herz gebracht, auch nur einen aus dem Freundeskreis nicht einzuladen.

Viele Stunden hat sie das Essen vorbereitet und ist müde. Als ihre beste Freundin sie in der Küche darauf anspricht, lacht sie nur und sagt: „Aber nein! Ich freue mich doch so, daß ihr da seid." Letzteres trifft zu.

Dann geschieht's.

Einer der Gäste (von der Gastgeberin Freund genannt, nach landläufigem Verständnis ist er jedoch eher dem Bekanntenkreis zuzuordnen) ascht nicht nur auf die große Decke. Er wirft bei seinem Rettungsversuch zu allem Überfluß auch noch sein mit Rotwein gefülltes Glas um. Rufe, Schreie, Beschwichtigungen! Alle stehen auf, wollen helfen. Nur wie?

Niemand bemerkt, daß der Beobachter den Kampfplatz verlassen hat und in den Garten gegangen ist. So viele Emotionen in einem einzigen Raum überfordern seine Abwehrkräfte.

Da zwinkert die Gastgeberin ihren drei liebsten, krisenerprobten Freundinnen zu (alle drei Loyale). Sie verstehen sofort. Zu viert nehmen sie die Decke ab, bringen sie gemeinsam nach draußen, suchen gemeinsam eine neue und legen sie gemeinsam mit einem Schwung auf den Tisch. Dann geht die Gastgeberin mit ausgebreiteten Armen auf den Aschetäter zu, umarmt ihn und sagt wohlwollend: „Alles ist gut. Passiert doch jedem einmal."

Die Gäste fühlen sich sehr wohl und bleiben deshalb bis lange nach Mitternacht. Obwohl die Gastgeberin ein Gähnen nicht mehr unterdrücken kann, nimmt niemand auf ihre Müdigkeit Rücksicht. Man kennt sie doch!

Der *Glückssucher* empfängt die Gäste bereits vor dem Gartentor. Schon Stunden zuvor hat er sich darauf gefreut, sie mit seinem bunten Hütchen begrüßen zu können. Von weitem winkt er den Ankommenden zu. Mit vielen Küßchen begrüßt er sie. Er freut sich riesig auf den Abend. Seine Freude wirkt auch auf die Gäste ansteckend, die mit einer gewissen Müdigkeit gekommen sind.

Der Raum ist bunt geschmückt. Blumen überall. Girlanden zieren die Decke. Flotte Musik, nicht gerade leise eingestellt, empfängt die Feierwilligen. Es geht los! Es wird gelacht. Ernste Gespräche finden heute keinen Zugang in den Raum. Wellness ist angesagt – und das auf der ganzen Linie.

Sie wissen schon, was kommt:

Die Asche fällt auf die blütenweiße Decke. Ihre Glut hinterläßt ein Loch in dem guten Stück. Der Aschewerfer (Erfolgsmensch) schaut sich verlegen um, beugt sich tief über den „Flecken“ und sagt, so daß alle es hören können: „Du, ich glaube, das ist noch einmal gutgegangen.“ Ein anderer Gast (Reformer) wendet sich ab und zischt kaum vernehmbar: „Typisch für ihn.“ Ein dritter (Romantiker) lehnt an der hinteren Wand und findet die aufkommende Hektik „recht kulturlos“.

Was macht unser Glückssucher, der Gastgeber? Niemand hat bemerkt, daß einen Augenblick lang ein Schatten auf sein Gesicht fiel (denn diese Decke war ein Geschenk seiner Mutter). Er bahnt sich den

Weg zum Ort des Geschehens, lächelt und – legt die rasch von einem Blumenstrauß gepflückten Röschen kreisförmig um das Loch, schaut in die Runde und ruft: „Na?"

Alle lachen, erheben ihre Gläser und trinken auf sein Wohl. Und wieder bemerkt niemand, daß sich hinter seinen lachenden Augen noch immer eine kleine Trauer versteckt.

Die Verabschiedung? Sie verläuft wie der Empfang: fröhlich, herzlich, umarmend und mit dem allseits begrüßten Wunsch, ganz bald wiederzukommen.

Die Gastgeberin (*Boß*) empfängt die ersten Gäste an der Haustür mit einem kräftigen Händedruck. Den Empfang der später Eintreffenden überläßt sie ihrem Mann.

Die Gäste fühlen sich durch die Einladung geehrt. Allerdings wirken sie zunächst ein wenig angespannt. Ein Gast (Glückssucherin) versucht, die Atmosphäre aufzulockern und erzählt von einer „urkomischen" Begegnung am Nachmittag. Ihr entgeht jedoch nicht, daß die Erzählung nicht die erhoffte Wirkung hat. Nur ein Gast (Erfolgsmensch), allem Verkrampften abhold, lacht laut auf. Er glättet jedoch alsbald seine Gesichtszüge, nachdem er bemerkt hat, daß die Gastgeberin seine Begeisterung nicht teilt. Dankbar sind alle, daß das Buffet ihnen Gelegenheit gibt, sich erst einmal beschäftigen zu können.

Die Asche fällt. Sie fällt unglücklich. Sie hinterläßt einen längeren Streifen. Und der macht sich auf der edlen Decke gar nicht gut. „Ihre Hand war auch schon einmal ruhiger", hört der Unglücksrabe (Beobachter) die Gastgeberin sagen. Der Angesprochene findet zunächst keine Antwort. Mit eckigen Bewegungen wendet er sich ihr zu und entschuldigt sich. Sie macht es ihm nicht leicht. Kein „Ist schon in Ordnung" oder „Macht nichts" oder „Kommt schon mal vor" ist zu hören. Sie schweigt, gibt der Aufwartefrau einen Wink. Diese nimmt die Decke ab und legt rasch eine neue auf.

Es scheint, als sei die angespannte Atmosphäre

allen unangenehm, nur der Gastgeberin nicht. Verzweifelt fahndet deshalb ein Gast (Helferin) nach einer Möglichkeit, die Situation zu retten. Mit geröteten Wangen ruft sie aus: „Ist es nicht schön, daß nicht immer alles nach Plan verläuft?“ Die Gastgeberin will antworten, nimmt jedoch das auf der Zungenspitze zum Abflug bereite Wort zurück, weil der hinter ihr stehende Gatte (auch ein Boß) ihr unbemerkt einen Rippenstoß zukommen läßt.

Die Stunde des Romantikers ist da. Weil er mit den Gastgebern befreundet ist, wendet er sich dem CD-Gerät zu und legt eine entspannende Musik auf. Dann wendet er sich der Runde zu und sagt: „Voilà, es gibt schwierigere Probleme als dieses, nicht wahr?“ Charmant nimmt er den Arm der Gastgeberin und geleitet sie mit einer graziösen Verbeugung zu ihrem Platz.

Sie versteht. Sie hat ihren Unmut hinreichend zum Ausdruck gebracht. Gut gelaunt erhebt sie nun ihr Glas. Man ist erleichtert. Nun geht es rund. Die Runde wird immer fröhlicher und lauter. Die Gastgeberin greift sich ihren Mann zum Tanz. Alle tanzen mit. Erst in der Frühe verabschiedet man sich.

„Welch ein Fest!“ ruft jemand an der Gartenpforte den Gastgebern zu. „Das nächste Mal feiern wir drei Tage!“ rufen beide Bosse zurück.

Der *Ursprüngliche* hat acht Gäste eingeladen. Er mag eigentlich keine „Massenansammlungen“, hat jedoch dem Wunsch seiner Frau (Romantikerin) entsprochen, die sich schon lange eine etwas größere Feier gewünscht hat.

Die Auswahl der Gäste hat ihn wochenlang beschäftigt. Denn ihm liegt daran, daß sich alle wohl fühlen. Weil ihn die Vorbereitung erschöpft hat, legt er sich noch ein wenig hin, um am Abend erholt zu sein. Als die Stunde des Besuchs naht, ist er aufgeregt. Einen Augenblick überlegt er, ob nicht lieber seine Frau die Gäste empfangen sollte. Dann gibt er sich einen Ruck und übernimmt diese für ihn nicht leichte Aufgabe. Freundlich und bescheiden begrüßt er die Ankommenden. Dabei gerät er in Verlegenheit, weil er nicht weiß, wohin er die mitgebrachten Blumen legen soll.

Die Gäste stehen kreisförmig im Raum. Man wartet auf ein Wort von ihm. Er reibt sich die Hände, dann hebt er das Glas und sagt still lächelnd: „Na, dann …“

Der Abend verläuft harmonisch. Man spricht über dies und das. Dann geschieht’s (nein, das Asche-Thema ist noch nicht dran): Ein Mann (Reformer) zieht über einen Kollegen her und schildert ihn in düsteren Farben. Die Gastgeberin bemerkt, daß ihr Mann unruhig wird und sich aufrichtet. Sensibel, wie sie ist, spürt sie, daß sich Unerwartetes anbahnt. Der Ursprüngliche rückt näher an den Tisch heran, stützt seinen Ellenbogen auf, wartet, bis der Reformer ihm eine Gesprächslücke läßt und sagt dann: „Verzeih, aber was du sagst, kann ich so nicht stehenlassen. Erstens mag ich nicht, daß du so über Herrn X sprichst, zweitens solltest du einmal darüber nachdenken ..."

Es folgen ein paar knappe Ausführungen über die Haltlosigkeit der eben aufgestellten Behauptungen. Der Angesprochene ist verblüfft. Er schweigt. Auch die anderen sind verblüfft und schweigen. Wer hätte von dem Ursprünglichen gedacht, daß er so klar Stellung beziehen könnte, und das an einem solchen Abend! Dann wird es richtig interessant:

Der Reformer senkt schuldbewußt sein Haupt. Die Helferin flüchtet in die Küche (die ihr nicht gehört) und holt neuen Wein. Der Erfolgsmensch sagt: „Aber, aber, Kinder ... das hat Peter (Reformer) doch ganz anders gemeint." Die Romantikerin genießt im stillen den sich anbahnenden gruppendynamischen Prozeß. Der Beobachter meldet sich nach einigem Zögern: „Wie hat der Streit eigentlich begonnen?" Die Loyale nimmt mit der einen Hand die des Reformers, mit der anderen die des Ursprünglichen, sieht beide warm an und sagt dann: „Nun vertragt euch doch wieder" (was die Romantikerin nur peinlich findet). Der Boß blättert in einem Journal und sagt leise, aber bestimmt: „Wenn ihr mit euren peanuts fertig seid, könnt ihr euch wieder bei mir melden." Der Glückssucher? So hatte er sich den Abend nicht vorgestellt! Ohne sich in das Gespräch einzumischen, geht er zum CD-Gerät und läßt einen Wiener Walzer erklingen.

Die Stimmung wird gelöster, und ausgerechnet jetzt fällt die Asche. Wer war's?

Den Ursprünglichen kümmert's wenig. „Macht doch nichts," sagt er, pustet sie auf den Teppich und wendet sich wieder den Gästen zu. Seine Frau sieht ihn von der Seite an, liebevoll – und stolz. Der Abend wird entspannt und angenehm.

Bei der Verabschiedung versprechen alle, bald wiederzukommen. Der Gastgeber freut sich darüber, hofft jedoch, daß das Ereignis erst nach den Sommerferien stattfinden wird.

Der Ursprüngliche

Auch dieser Abschnitt hat die Aufgabe, die unterschiedlichen Persönlichkeitsbilder weiter zu vervollständigen und sie Ihnen, wenn möglich, ans Herz zu legen. Also:

Am Steuer könnt Ihr sie erkennen

Was wäre ein Mensch ohne sein Auto! Selbst Gerhard Schröder – wir hörten schon eingangs von ihm – hat gesagt: „Ich bin ein Automensch." Unser Auto ist unser zweites Zuhause, also äußerst wichtig. Zu allem aber, was uns wichtig ist, haben wir eine Beziehung. Deshalb eignet sich das Auto besonders dafür, dem Geheimnis unserer Struktur näherzukommen.

Wenn ich mich nun vergnüglich daranmache, Ihnen das Dreiecksverhältnis Mensch – Auto – Straße zu veranschaulichen, so darf ich Sie wieder bitten, die folgenden Auslassungen als überspitzt anzusehen. Gleichwohl: Es könnte sein, daß Sie sich in der einen oder anderen Beschreibung gut verstanden fühlen. Um wieder beide, Männer und Frauen, handeln zu sehen, stelle ich beide abwechselnd vor. Wir beginnen:

Autos mag er. Schnelle Autos besonders. Es ist ihm nicht gleichgültig, ob er einen attraktiven oder nur einen bescheidenen Wagen fährt.

Weil er vor seiner Abfahrt gründlich zu Hause aufgeräumt hat, fährt er später als geplant los. Aufmerksam achtet er darauf, ob er einer „verdammten" Radarfalle ein Schnippchen schlagen könnte. Als er sie tatsächlich sieht, tritt er mit grimmiger Lust auf die Bremse und fährt mit tiefer Genugtuung langsam an ihr vorbei.

Sein Weg führt ihn auf die Autobahn. Er richtet sich auf und tritt, einem zum Sieg entschlossenen Rennfahrer gleich, aufs Gaspedal. Es befreit ihn, mit hohem Tempo zu fahren. Tief atmet es in ihm durch. Immer wieder schaut er auf den Tachometer. Die Nadel steigt und steigt. Auch als sie „170" anzeigt, reicht ihm dieses „bürgerliche" Tempo noch nicht. Erst als sie sich der Zahl 200 nähert, gibt er sich zufrieden. Aber nur einen Augenblick.

„Der letzte Wagen brachte es auf 230", sinniert er. „Das waren Zeiten … Wann kann ich eigentlich diese lahme Ente wieder verkaufen?"

Was unser Reformer befürchtet hat, tritt ein. Er hat es doch gewußt! Der Stau! „Das wird mich eine Stunde kosten! Warum müssen die auch ausgerechnet in der Sommerzeit an der Straße arbeiten?!"

Die Kolonne steht. Er sitzt. Nicht ganz. Mit der flachen Hand trommelt er aufs Lenkrad. Er schaltet das Radio ein. „Immer diese blöde Musik", sagt er laut vor sich hin. Auch die anderen Sender finden nicht sein Gefallen. Da fährt eine Dame auf der linken Spur an ihm vorbei. Sie lächelt. Ihre Freundlichkeit quittiert er mit einem kurzen Kopfnicken. Immerhin bringt sie ihn auf die Idee, auf die offensichtlich schnellere Spur zu wechseln.

Ein Fehler! Schon schiebt sich der bislang hinter ihm wartende Wagen an ihm vorbei. „Warum habe ich ausgerechnet heute mein Handy vergessen?" fragt er sich. Sein Ärger erreicht tiefere Seelenschichten.

Dann kommt die Wende. Die freundliche Dame fährt plötzlich zügig an. Eine Melodie aus dem Radio erreicht sein Herz. Wieder vertieft sich seine Atmung. Die Tachonadel steigt. „War doch gar nicht so schlimm", denkt er und schämt sich ein wenig wegen seiner Ungeduld. Da fällt sein Blick auf etwas Schwarzes. Das Handy. Vor lauter Ärger hatte er es übersehen. Nein, er hält nicht an. Er telefoniert bei Tempo 160. Er entschuldigt sich wortreich und kündigt seine Verspätung an. Als er an seinem Ziel angekommen ist, sieht er auf der großen Uhr über der Eingangshalle, daß er fast pünktlich zur Stelle ist.

Am Abend fragt er sich nachdenklich: „Wie sähe wohl mein Leben aus, wenn ich geduldiger wäre?"

Auch sie, die Helferin, fährt verspätet los, weil sie ihrer Nachbarin Brötchen geholt hat. Ihr Auto ist klein und nützlich. Sie versteht nicht so recht, warum sich andere bei der Wahl ihres Wagens so viele Gedanken machen. Es gibt Wichtigeres als Überlegungen dieser Art.

Nein, sie beschleunigt auf der ersten (freien) Strecke das Tempo nicht. Sie nimmt Rücksicht. Es könnte sein, daß jemand die Straße überquerte, ohne auf den Verkehr zu achten.

Da winkt ein Anhalter. Sie hält, steigt aus und öffnet die Beifahrertür. Als sie weiterfahren, schaut sie ihn liebevoll von der Seite an. Und er – er weiß nicht, wie es kam – erzählt ihr sein ganzes Leben. Bei der Verabschiedung gibt sie ihm „für alle Fälle“ ihre Telefonnummer.

Vorsichtig fährt sie auf die Autobahn. Schon bald wird sie rücksichtslos von einem anderen Wagen überholt. Als der Überholende zu ihr herüberschaut, kann sie nicht anders: Sie lächelt ihm zu. Allerdings wirkte ihr Lächeln schon einmal entspannter.

Bereits von weitem sieht sie den Stau. „Die armen Menschen, die zur Arbeit müssen“, denkt sie. Erst später geht ihr auf, daß auch sie erwartet wird. Weil sie gedanklich damit beschäftigt ist, wie sie ihrer Schwester Arbeit bei der Vorbereitung ihres Besuches abnehmen könnte (nein, gebeten hat die Schwester sie nicht), entsteht vor ihr ein zu großer Abstand. Zwei, drei weitere Wagen drängen sich in die Lücke.

Da meldet sich ihr Ärger zu Wort. Doch bevor er sich ausbreiten kann, hört sie sich tapfer sagen: „Es muß doch einen Menschen geben, der Liebe in die Welt bringt." Irgendwann bemerkt sie, daß ihr Magen sie kneift.

Als sich der Stau aufgelöst hat, fährt sie langsam weiter. Weil sie sich verspätet hat, rennt sie vom Parkplatz zu ihrem Geschäft. Eine Kollegin empfängt die Heraneilende und möchte ihr die schweren Taschen abnehmen. Sie winkt energisch ab und sagt: „Für Lasten bin immer noch *ich* zuständig."

Am Abend hört sie sich fragen: „Bin ich tatsächlich nur für andere zuständig?"

Bevor er in seinen eleganten Cadillac steigt, legt er sorgsam sein Jackett auf den Rücksitz. Langsam fährt er durch sein Dorf. Es tut ihm noch immer gut, wenn man seinen „amerikanischen Schlitten", wie er gern sagt, bestaunt. Er braucht sich nicht zu beeilen, denn er hat den morgendlichen Ablauf gut „getimed".

Der Duft seines teuren Eau de Cologne verschafft ihm ein wohliges Gefühl. Sein CD-Gerät spielt gefällige Musik. Mit seinem Ringfinger, auf dem ein großer Edelstein blitzt, begleitet er rhythmisch die leichten Melodien. Er ist gut gelaunt.

Als er den Abbieger zur Autobahn erreicht hat, wendet er sich innerlich seinen Kunden zu. Plötzlich lacht er auf und hupt begeistert dreimal. Eine Strategie ist ihm eingefallen, mit der er „diesen sturen Bock schon rumkriegen kann". Über die Autotelefonanlage bittet er die Sekretärin, bestimmte Vorbereitungen zu treffen.

Den Stau findet er zwar nicht beglückend, er bringt ihn jedoch nicht aus der Fassung. Wieder bedient er sich des Autotelefons und gibt der Sekretärin Instruktionen, welchen Grund der Verspätung sie dem Kunden sagen möge. Macht es sich nicht gut, wenn man im Wirtschaftsministerium aufgehalten wurde?

Nein, überholen läßt sich der Erfolgsmensch nicht. Auf keinen Fall! Und sollte jemand dazu Anstalten machen, schließt er die Lücke, in welcher Form auch immer. Doch als eine hübsche junge Frau ihn überholen möchte, gleicht die ermunternde Bewegung seines linken Armes der eines Dirigenten. Zudem schenkt er ihr sein strahlendstes Lächeln. Verwirrt lächelt sie zurück.

Er ist an seinem für ihn reservierten Parkplatz angekommen. Lässig wirft er sein Jackett über die Schulter und geht mit federnden Schritten dem Ort seiner neuen Taten entgegen. Sicher lächelnd begrüßt er seine Angestellten. Er ist da! Er füllt die Räume. Alles wird gelingen.

Der Kunde (der „sture Bock“) wartet schon. Doch als der Erfolgsmensch ihm länger als üblich kraftvoll die Hand drückt und ihm dabei direkt und warm in die Augen sieht, verfliegt dessen Unmut auf der Stelle.

Am Abend macht ihn beim Lesen eines Romans ein Satz unruhig: „Er war ein Mann, der so lange Masken trug, bis sie ihm zu schwer wurden.“

↳ Ich trage auch Masken, mache gute Miene zu bösem Spiel!
→ Andererseits mauere ich, lasse keinen an mich ran
Wäre es nicht eine Hausaufgabe, authentisch zu werden? ECHT? Andere bemerken an Stimmung und Stimme meine innere Haltung!
warum? kann ich nicht ehrlich sein und offen zeigen, was so oder so offensichtlich ist → Muss es mir selbst erst bewusst werden!

Sie fährt keinen VW, keinen Opel, keinen Ford. Sie fährt überhaupt kein bekanntes Auto. Sie hat sich den kleinen, schnittigen Wagen aus Portugal kommen lassen. Er fällt auf, denn er „hat was”, was sich schwer beschreiben läßt. Jedenfalls bleiben manche Männer stehen und studieren ihn.

Nachdem sie sich graziös die Sonnenbrille aufgesetzt und im Radio den Klassiksender eingestellt hat, beginnt sie ruhig die Fahrt. Sie beobachtet, wie sich dunkle Wolken vor die Sonne schieben und empfindet, das sei ein Sinnbild für ihr Leben. Als sich nach einiger Zeit die Sonne wieder in voller Schönheit zeigt, spürt sie einen leisen Schmerz.

Sie nähert sich der Autobahn. Ihr Gesicht spiegelt Unbehagen wider. Sie verlangsamt das Tempo. Sie überlegt, ob sie noch einen Spaziergang auf einem besonnt-beschatteten Waldweg machen sollte. Sie läßt ihre Vernunft sprechen und fährt auf die ungeliebte Strecke.

Nicht frei von verächtlichen Gefühlen läßt sie sich von den rasenden „Proleten“ überholen. Zwar bemerkt sie die Blicke mancher Männer, nimmt davon jedoch scheinbar keine Notiz. Ein Fahrer, ein „bulliger Typ“, ist ihr allzu dreist. Als er seine groben Lippen spitzt, legt sie ihren Mittelfinger auf ihren zarten Daumen und schießt ihn, den Grobian, symbolisch weit weg in die Landschaft. (Ob der aber ihr Zeichen hinreichend verstanden hat, bleibt fraglich). Der Stau macht sie melancholisch. Auch er erscheint ihr ein Sinnbild für ihr Leben zu sein. Sie beugt sich vor und drückt mit verhaltener Wut beide Hände auf das Lenkrad. Als sie weiterfährt, denkt sie wehmütig: „Dort, wo ich nicht bin, ist das Glück."

Gekonnt parkt sie ihr Auto in eine schmale Lücke. Sie schaut in den Spiegel, verfeinert den Lidschatten, seufzt tief und schlendert zu ihrer Verabredung. Der Mann, mit dem sie Künstlerisches zu besprechen hat, begegnet ihr mit Respekt. Er genießt ihre Sensibilität.

Am Abend schaut sie lange in den Spiegel und denkt: „Wann werde ich das Leben so annehmen, wie es ist?"

Für mich die Frage:
Warum nicht?
Was ist an dem Leben so
"melancholisches"?
dass ich verzweifeln müsste?
(Depression?)

Sie, die Beobachterin, fährt kein auffälliges Auto. Sie hat, bevor sie es kaufte, sorgfältig verschiedene Angebote analysiert und eine vernünftige Wahl getroffen. Sie ist nicht in Eile. Sie hat einen Stau eingeplant und wird, das weiß sie, pünktlich im Büro sein. Im Radio hört sie einen gescheiten Vortrag über moderne Literatur. Er paßt zu dem Buch, das sie gestern abend vor dem Einschlafen gelesen hat.

Während des ersten Streckenabschnittes studiert sie im Westen Kumulus-Wolken und wundert sich darüber, daß im Süden Zirren sichtbar werden. „Wie entstehen Zirren?“ denkt sie. Ihre Beobachtungen und Überlegungen beschäftigen sie so, daß sie den Abbieger zur Autobahn fast übersieht.

Als Raser sie überholen, schüttelt sie den Kopf. Was geht in diesen Menschen vor? Welche Rolle spielen dabei die Hormone? Da fällt ihr das Gespräch vom Vorabend ein. Ihr Mann war so seltsam, als er sagte: „Ich würde so gern wissen, was in dir wirklich vorgeht.“ Sie hatte ihn nicht verstanden und die „Unterhaltung“ auf seine beruflichen Pläne gelenkt.

Sie fährt langsamer. Hatte er etwa sagen wollen, er fühle sich mit ihr nicht wohl? Fester als üblich umklammert sie das Lenkrad. „Wie kommt es, daß ich manches erst später begreife?“ fragt sie sich und beschleunigt wieder das Tempo. „Ich sollte in den Ferien mal das Gespräch mit ihm suchen.“

Planmäßig erreicht sie ihr Ziel. Von ferne hört sie lautes Lachen im Büro. Die Phonstärke wird reduziert, als sie den Raum betritt. Man begrüßt sie höflich.

Es ist ihr nicht entgangen, daß jemand einen Witz erzählen wollte, und sie ermuntert ihn nun dazu. Nur zögernd bahnt sich der Witz seinen Weg. Die Runde wundert sich, als die Beobachterin laut lacht und keinerlei Berührungsängste angesichts des heiklen Themas zeigt.

Als sie sich am Abend zur Ruhe begibt, kommt ihr eine Frage: „Was würde ich verlieren, wenn ich mich mehr als bisher auf Menschen einließe?“

Er hat sich das Auto gekauft, von dem sein Nachbar gesagt hat, damit habe er einen „guten Fang" gemacht. Weil er ihm voll vertraut, hat er sich einen Wagen derselben Marke bestellt.

Bei der Verabschiedung hat sich die ganze Familie vor der Tür versammelt und winkt dem Mann und Vater (nicht dem Familienoberhaupt!) zu. Frau und Kinder wissen, daß er das gern hat.

Er fährt rücksichtsvoll, also nicht schnell. Ein Anhalter winkt. Ohne zu überlegen, nimmt er ihn mit. Man unterhält sich freundlich. Doch als der junge Mann sagt, er sei auf dem Wege, sich selbst zu verwirklichen, wird der Loyale schweigsam.

Wir befinden uns auf der Autobahn. Irgendwie fühlt er sich wohl. Lauter Menschen. Alle haben etwas vor. Eine große Familie ist unterwegs. Am schönsten wäre es, wenn alle gemeinsam zum selben Ziel führen.

Dann kommt der Stau. Es sieht so aus, als werde er sich nicht gleich auflösen. Unser Mann steigt aus und kommt rasch mit seinem Vordermann ins Gespräch. Da nicht klar ist, wodurch der Stau ausgelöst worden ist, gibt es genügend Gesprächsstoff. Man kommt auch auf die Zeit zu sprechen, als an einem Sonntag im Monat im ganzen Land Fahrverbot herrschte. „Das war eine gute Einrichtung", schwärmt der Loyale, „da blühte die Nachbarschaft wieder auf. Da hatten wir wieder Zeit füreinander. Stimmt's?" wendet er sich an einen alten Herrn, der allein im Auto sitzt und gar nicht glücklich wirkt.

Als die Fahrt weitergeht, wirkt auch der Loyale gar nicht glücklich. Man war gerade so gut ins Gespräch gekommen. Er verabschiedet sich von mehreren Personen per Handschlag und sagt: „Vielleicht sieht man sich irgendwann mal wieder.“

Fröhlich kommt er zu „seiner Truppe“. Als jemand sagt: „Wir haben dich schon vermißt“, geht ein Strahlen über sein Gesicht.

Am Abend denkt er an den Anhalter. Da fällt ihm eine Frage ein: „Wer bin ich *eigentlich?“ So gut wie sonst schläft er in der folgenden Nacht nicht.*

Jeder im Ort kennt die „Ente" der Glückssucherin. Sie, die Ente, ist schon alt. Bunt ist sie auch. Auf jede Seite hat die stolze Besitzerin eine goldgelbe Sonne gemalt.

Laut hupend fährt sie davon. In der Kurve begegnet sie einer Freundin und hält erst einmal an. „Ich hab' keine Zeit", sagt sie und hält trotzdem mit ihr ein längeres Pläuschchen. Dann braust sie davon.

Auch sie nimmt einen Anhalter mit. Als sie hört, daß er glückselig wäre, wenn sie für ihn einen kleinen Umweg machte, sagt sie, ohne sich über den Umweg Gedanken zu machen: „Na klar, ist kein Problem." Der Umweg kostet sie nur eine halbe Stunde.

Wegen des Umwegs fährt sie unmittelbar in den Stau hinein. Sie dreht das Fenster herunter und bittet die gestauten Fahrer fröhlich winkend um Einlaß. Sie können ihr nicht widerstehen. Zum Dank wirft sie Kußhändchen in alle Richtungen. Weil kein Fortkommen ist, steigen mehrere Fahrer aus, selbstverständlich auch die Glückssucherin. Es ist warm. Vermutlich haben alle Durst. Sie holt eine große Flasche Limonade aus der „Ente", nimmt selbst den ersten Schluck, wischt mit einer großen Geste über den Flaschenhals und reicht die Flasche weiter. Stimmung kommt auf. Man witzelt und lacht. Jemand stellt das Radio laut an, und Udo Jürgens singt: „Und immer, immer wieder geht die Sonne auf."

Schade, die Fahrt geht weiter. Die Glückssucherin hat weder eine Telefonsprechanlage noch ein

Handy bei sich. Also weiß niemand im Supermarkt, wann sie eintreffen wird. Doch diese Tatsache amüsiert sie nur. „Sollen die mal sehen, was sie an mir haben", sagt sie laut und lacht. Deshalb läßt sie sich auch bei der Suche nach einem Parkplatz Zeit und kauft sich auf dem Weg zum „Supi", wie sie sagt, noch ein Eis.

Die Arbeitskollegen lachen nicht, als sie das große Haus betritt. Die Kasse, an der sie sitzen sollte, ist nicht besetzt. Vor der anderen wartet eine lange Schlange. Auch die Wartenden sind frei von Frohsinn.

Ohne sich um ihre Arbeitskleidung zu kümmern, setzt sich die Glückssucherin an ihren Platz und ruft in die wartende Schlange hinein: „Wenn Sie von der pünktlichsten Kassiererin Europas bedient werden wollen, dann treten Sie herzu." Alle lachen.

Am Abend, als sie sich müde in den Sessel fallen läßt, fragt sie sich: „Könnte ich nicht noch glücklicher sein, wenn ich manchmal ein ganz klein bißchen weniger spontan wäre?"

Er fährt ein großes Auto. Nicht als Statussymbol. Es gehört einfach zu ihm. – Die „Verabschiederei“ vor der Tür hat er sich verbeten. Wie er sich verabschiedet, geht niemanden etwas an.

Er hat es nicht nötig, irgend jemandem zu zeigen, wie viele PS sein Auto hat. Also fährt er langsam – zunächst. Ein Anhalter winkt. Er schaut nicht einmal zur Seite. Die Fahrt genießt er. Das Wetter ist sommerlich. Die Sonne scheint durchs geöffnete Schiebedach. An die Arbeit denkt er nicht. Ohne ihn läuft ohnehin nichts Wichtiges. Als er einen sonnigen Waldweg sieht, hält er an und macht einen Spaziergang. Wer auf *ihn* wartet, kann warten.

Als sich der Wagen der Autobahn nähert, spannt er sich leicht an. Er liebt diese Strecke. Die linke Spur ist sein Revier. Sich überholen lassen ist seine Sache nicht. Er gibt Gas. Sein Fuß liegt auf dem Pedal wie Blei. Behindert ihn jemand, „bedient“ er die Lichthupe. Er ist in seinem Element. Geht die „Schnecke“ vor ihm nicht gleich beiseite, fährt er ihr fast auf die Stoßstange. Als allen Ernstes jemand *ihn* überholen will, tritt er kurz dreimal auf die Bremse, so daß der Dreiste hinter ihm erschrickt und zurückbleibt.

Gegen Staus ist selbst er machtlos. Trotzdem: Ein Stau paßt zu ihm nicht. Selbstverständlich bleibt er im Wagen sitzen. Er ruft die Autobahnpolizei an. Die Auskunft befriedigt ihn nicht. Er ruft seine Firma an und gibt knappe Anweisungen für die nächste Stunde.

Die Zeit vergeht. Er wird nicht hektisch. Er flucht auch nicht. Er denkt allerdings darüber nach, wann er den für diesen Autobahnabschnitt Zuständigen treffen wird, um ihn sich wegen dieser dilettantischen Verkehrsregelung zur Brust zu nehmen.

Dann geschieht etwas, was kaum jemand von ihm erwarten würde: Er holt ein Kinderbild aus der Brusttasche. Liebevoll sieht er seine (inzwischen längst erwachsene) Tochter an, die z. Zt. durch Amerika reist. Er lächelt.

Als er durch das Foyer seines Betriebes schreitet, nehmen die Angestellten Haltung an. Bei keinem bleibt er stehen, doch jeden bedenkt er mit einem freundlichen Kopfnicken.

Am Abend kommt ihm, als er zufällig an den Stau und sein Revier auf der linken Spur denkt, eine interessante Frage: „Warum muß ich immer der erste sein? Bin ich etwa nicht stark genug, auch einmal hinter den anderen herfahren zu können?“

Hat es wirklich etwas mit "Stärke" zu tun, einmal (oder mehrmals) den unteren Weg zu gehen und sich nötigenfalls beleidigen zu lassen? (Erfahrung 2.7)
↳ Immer nur lächeln
(Land des Lächelns Japan)

Eigentlich hat sie, die Ursprüngliche, gar kein Auto haben wollen, denn den Kampf auf der Straße mag sie nicht. Wegen ihres Wohnortes mußte sie sich eines kaufen. Es ist ein bescheidener Wagen. Sie hat ihn gebraucht erstanden.

Nach vorn gebeugt sitzt sie am Steuer. Vorsichtig fährt sie den ersten Streckenabschnitt. Als ein Anhalter winkt, macht sie ihm ein entschuldigendes Zeichen. Sie hätte ihn schon gern mitgenommen, aber die Befürchtung, er könnte ein Gewaltmensch sein, läßt sie weiterfahren. Über die Schäfchenwolken am Himmel freut sie sich. Über die leise Musik des Radios auch. Leise singt sie mit.

Wäre doch nicht die Autobahn! Es führt nur kein Weg daran vorbei. Sie steht am Ende der Zufahrtsstraße, als sie einen LKW kommen sieht. Soll sie fahren? Soll sie nicht? Noch wäre Zeit. Doch bevor sie sich zum Start entschlossen hat, ist es zu spät. Nun könnte sie fahren. Ob das Auto, das dem LKW folgt, noch weit genug entfernt ist? Sie pustet eine Haarsträhne aus ihrem Gesicht. Wieder muß sie warten. Ein leises „Mist“ entfährt ihr.

Es ist geschafft. Unruhig schaut sie in den Rückspiegel, um zu sehen, ob ihr jemand zu nah kommt. An anderes als den Verkehr zu denken ist ihr nicht möglich.

Der Stau ist für sie fast eine Erlösung. Sie lehnt sich in den Sitz zurück. Sie ist weder ärgerlich noch unruhig. Auch als der Stau länger als erwartet dauert, bleibt sie ruhig. Auszusteigen kommt ihr nicht in den Sinn. Statt dessen denkt sie an das Märchen, das sie gestern vor dem Einschlafen gelesen hat. Da war die Rede von einem alten Haus, dessen hinterer Teil in einen Berg hineingebaut worden war. Nur einige friedliche Menschen, die in der Nähe in ähnlichen Häusern wohnten, kannten es.

Plötzlich hupt es hinter ihr. Sie schreckt auf. Die Fahrt geht weiter. Es ist ihr, als befinde sie sich in einem Rudel hungriger Wölfe. Obwohl die meisten Autos nach vorn preschen, fährt sie langsam weiter.

Sie kommt zu spät. Die Kolleginnen begrüßen sie trotzdem freundlich. Sie wissen, daß sie nur dann nicht zur Stelle ist, wenn sie daran gehindert wird. Eine Frau zieht sie beiseite und flüstert ihr zu: „Wenn du nicht da bist, ist die Welt hier nicht in Ordnung."

Am Abend denkt sie an die freundliche Kollegin. Da hört sie in sich eine Stimme: „Die Menschen brauchen dich mehr, als du denkst."

Zum Schluß

Verehrte Leserin, verehrter Leser, weil manche von Ihnen die Neigung haben, den Schluß eines Buches zuerst zu lesen, wiederhole ich an dieser Stelle, was ich bereits am Beginn sagte: Nein, Sie sind kein Typ. Sie *haben* einen Typus. Ihn zu kennen, ist wichtig, jedoch nicht allzu wichtig. Selbstverständlich können Sie auch ohne diese Kenntnis glücklich werden.

Trotzdem: Es ist schon eine Hilfe, über die eigene Struktur Bescheid zu wissen. Denn sie zeigt uns unsere Schwachstellen und unsere Möglichkeiten und fordert uns dazu heraus, die einen zu reduzieren und die anderen zu fördern. Vor allem kann das Enneagramm eine Hilfe dazu sein, daß wir im Lauf der Zeit bei uns *selbst* ankommen. Wer sich darüber hinaus eindenkt und einfühlt in die anderen „Gesichter" der Seele, wird erfahren, daß das Miteinander verständlicher und leichter wird.

Und dann noch dieses:

Wie gut wäre es, wenn wir uns selbst und anderen mit mehr Humor und Heiterkeit begegneten! Denn diese spezifisch menschlichen Möglichkeiten vermindern den Trübsinn und die Aggressivität und alle anderen gegen das Leben gerichteten Empfindungen, Gefühle und Handlungen auch. Der Weg dahin führt nur über das *Verstehen* dessen, was wir sind: Menschen mit einem bestimmten Persönlichkeitsmuster *und* einem ureigenen Kern, Menschen mit Widersprüchlichkeiten *und* mit Kräften begabt, die allemal ausreichen, um ein starkes Leben führen zu können.